Das Meer
als Quelle der Völkergrösse.

Eine politisch-geographische Studie

von

Friedrich Ratzel.

Zweite, verbesserte Auflage,
besorgt von Hans Helmolt.

Druck und Verlag von R. Oldenbourg
in München und Berlin.
1911.

Vorbemerkung zur ersten Auflage.

Dieses Büchlein will so kurz und klar wie möglich die geographischen Grundlagen der Seeherrschaft darstellen. Seine Gedanken sind an verschiedenen Stellen meiner „Politischen Geographie" zu einer Zeit ausführlicher entwickelt worden, wo es noch keine brennende Flottenfrage gab. Klingen sie nun heute zeitgemäß, so trägt vielleicht gerade das, daß sie kein Echo der Tagesmeinungen sind, dazu bei, daß der Leser am Schluß bereitwilliger meiner Grundüberzeugung beipflichtet, Deutschland müsse auch auf dem Meere stark sein, um seinen Weltberuf zu erfüllen.

Leipzig, den 24. Januar 1900.

F. Ratzel.

Zur zweiten Auflage.

Friedrich Ratzels Mahnung besteht heute noch zu Recht. Um sie aber auch in allen Einzelheiten voll überzeugend weiterwirken zu lassen, war es nötig, die Erfahrungen des letzten Jahrzehnts auf praktisch-politischem wie auf theoretisch-publizistischem Gebiete mit zu berücksichtigen. Daß dabei die entscheidenden Konturen des Bildes gar nicht und von den kleinen Zügen oder Zutaten nur wenige in geringem Grade haben umgestaltet werden müssen, zeugt beredt für die innere Geschlossenheit und Folgerichtigkeit des Ratzelschen Systems, aus dem einst dies Büchlein hervorgegangen war. — Stilistisch erblickte ich meine Aufgabe darin, durch eine genaue Vergleichung mit den entsprechenden Stücken der 2. Auflage der „Politischen Geographie" (1903) die Sätze und Wendungen festzustellen, deren Änderung dort darauf schließen ließ, daß der Verfasser selbst, lebte er noch, hier ebenfalls die bessernde Feile angesetzt hätte.

München, den 28. September 1911.

H. Helmolt.

Inhalt.

Seite

Aus der engen in die weite Welt 1
Die Größe des Meeres 3
Die Einheit des Meeres 6
Das Meer und die Meere 9
Randmeere und Mittelmeere 19
Das „geschlossene" Meer 25
Landvorsprünge und Meerengen 28
Die Küste 34
Über das Wesen der Seeherrschaft und der Seevölker 38
Der Seeverkehr und die Seemacht 44
Die Erfindung der Schiffahrt 47
Seevölker und Wanderungen 50
Die geschichtliche Bedeutung der Seevölker 54
Die reine Seemacht 57
Vervielfältigung der Seevölker 68
Seemacht und Landmacht 73
Der Seekrieg 77
Rückblick 81

Übersichtstabelle 87
Die wichtigsten Handelsflotten der Erde 88
Der Weltschiffbau im Jahre 1909 89
Die Kriegsflotten der größeren Seemächte 90
Der Stand des Baues von Dreadnoughts 91

Aus der engen in die weite Welt.

An einem von den frühwarmen Märztagen, die man unschuldsvoll nennen möchte, so rein ist der Himmel, so still liegt die Welt, hatten wir das Frische Haff durchschnitten; noch sah man die dunkle Linie der Wellen, die auf der Spur zusammenrannen und nachstrebten. Wir betraten die Nehrung, in deren Sande die feinen Bernsteinbruchstückchen in jeder feuchten Fußspur goldig leuchteten. Nach den Kämmen der bleichen Dünen zu wurde der Sand trocken, und der Wind wehte ihn in durchsichtigen Nebelstreifen in die Luft. Nun aber brauste uns die Ostsee selbst entgegen, das heiter-grüne Meer, licht am Ufer, dunkler draußen, unter dem ruhigen Sonnenhimmel wogend, als wollte es sagen: Ich gehorche einem größeren Gesetz als dem, das Euch diesen sonnigen Tag gibt. Wir erblickten es, und es zog unsere Gedanken in die Ferne. Wir schienen mit dem Dünenzug zwischen Haff und Ostsee die Grenze zweier Welten überschritten zu haben. Dort der enge Frieden des Landes, hier der weite Meereshorizont. Zwischen Haff und Meer fühlt man sich wie auf einer Insel mitten im Ozean. Wohl ist es nur die Bucht einer Bucht, deren Wasser uns hier umflutet. Aber es ist das Wasser des Weltmeeres! Es würde uns keineswegs befremdet haben, wenn ein schneeweißes Riff mit palmenumstandener Lagune am Horizont erschienen wäre, und es gehört auf dieser Stelle nicht viel dazu, um in jenem dunkeln Band zwischen weißem Uferstreif und grüngrauen Hügeln statt des preußischen Föhrenwaldes einen tropischen Urwaldstreifen zu vermuten. Liegen doch hinter dieser tiefgrünen Linie des Horizontes der Ozean und die ganze Welt dem kühnen Schiffer offen. Man vergißt angesichts dieser großen einfachen Natur die Unterschiede Ostsee, Nordsee, Weltmeer. Als Binnenländer gewöhnt, vom engen Horizont heimatlicher Landschaft umfangen zu sein, empfinden wir etwas Fortreißendes in dem Gedanken, daß die entlegenste Küste ein Tor zu der ganzen Welt öffnet.

An dieser Stelle stieg der Wunsch in mir auf, die mächtig erziehende Wirkung des Meeres auf die Menschheit binnenländischen Freunden in solcher Weise zu schildern, daß in den Worten die Größe des Eindruckes lebe, den wir an dieser Schwelle des Meeres empfinden. Ich wollte einmal das geographische Handwerkszeug beiseite legen, die Bücher und Karten wegschließen und überhaupt die Atmosphäre der Gelehrtenstube meiden, die nie ganz staubfrei sein wird. Nur aus dem Eindruck der stillen Welt hinter mir und der Größe des Meeres vor mir wollte ich über die Verbindung der emsigen, eingeschränkten Arbeit, die dort an ihrer Scholle haftet, mit der weiten

Welt sprechen, die sich ihr hier öffnet. Dort sagt man: Bleibe im Lande und nähre dich redlich; hier vernehme ich die Botschaft, daß keinem kühnen Mann nur Eine Scholle, keinem hinausstrebenden Volk nur Ein Land angewiesen sei; jedem stehe die Welt offen. Aber nur über das Meer führt der Weg dahin. Ich versuche die Frage zu beantworten, was das Meer im Völkerleben bedeutet, und ganz von selbst strahlen die Antworten auf den Punkt zusammen, wo über meinem eigenen Volke die Frage brennt: Was sollst du in der Welt?

Die Größe des Meeres.

In der Schule lehrt man uns das nahezu dreifache Übergewicht der Meeresfläche über die Landflächen als eine elementare Tatsache der Natur unseres Planeten kennen. Die Zahlen 28 für das Land und 72 für das Wasser gehören seitdem zu dem eisernen Bestand unseres Wissens. Sind es mehr als tote Größen, deren Anstaunen uns erhebt und ergötzt? Um diesen Zahlen Leben zu geben, müssen wir die Lebensfäden zwischen uns, dem Land und dem Wasser sehen.

Das Meer ist das größte Ganze an unserer Erde, die größten Erdteile sind darin nur Inseln; unsere Wohnplätze sind von Wasser umgeben, ob sie auch tief im Lande liegen, und an jedem erweiterten Horizont leuchtet das Meer auf. Die geschichtliche Bedeutung dieses gewaltigen Überragens der Meeresfläche für die Vergangenheit und die politische Bedeutung für die Gegenwart sind nicht geringer als die physikalische, die uns längst die Handbücher lehren. Ja, das Meer steht neben dem Land an der Spitze aller politisch-geographischen Betrachtungen. Das Meer als Quelle der Feuchtigkeit in der Luft, die unsere Niederschläge liefert, als Milderer des Klimas, als Mutter unzähliger Brandungswellen, die mit Hämmern und Meißeln die Küsten zertrümmern, das Meer als Hegerin eines überreichen Lebens in allen Zonen und Tiefen: dieses Meer ist ein gewaltiges Stück Natur. Aber wenn ich sage, in einer Wasserfläche von 365,5 Mill. liegen 144,5 Mill. qkm Land in Form von Erdteilen und Inseln, so erhebt sich vor meinem geistigen Auge ein ebenso gewaltiges Stück Menschheitsgeschichte. Von diesen Zahlen gehen meine Gedanken zu dem, was sie für die Völker bedeuten. Wenn das Meer fast drei Vierteile der Erde bedeckt, dann muß, was weltweite Geltung anstrebt, sich mit dem Meere verbünden. Dann kann nur aus dem Meere der Schatz der Herrschaft über die Erde gehoben werden. Und dabei sind die Ausgangspunkte so eng wie dieser Dünenstrand. Ich sage mir: In jeder Küste grenzt eine große Wasserfläche an eine kleine Landfläche; also konnte von der engen Travebucht aus Lübeck die Ostsee und vom Hintergrund des Adriatischen Meeres aus Venedig das Mittelmeer beherrschen. Die Wasserfläche jedes Nebenmeeres und jedes Golfes ist ein Teil eines zusammenhängenden Ganzen, des Weltmeeres: also erschließt jede kleinste Küstenstrecke den Weg zum Mittelmeer. Wie klein auch ein Meeresteil sei, er entbehrt nicht des großen ozeanischen Zusammenhanges, der bis in die hintersten Winkel der Ostsee, des Pontus, des Roten Meeres den Verkehr mit der ganzen übrigen Meereswelt vordringen läßt. So werden gewaltige Räume durch die Meere der Beherrschung zugänglich gemacht und erwachsen Weltherrschaften aus kleinen Anfängen, wenn nur erst der Zugang zum Meere gewonnen, der Schritt aufs Meer gewagt ist. Jeder Teil eines Meeres hat dadurch, wie beschränkt er auch selbst sei, etwas von ozeanischer Größe und Freiheit in sich. Es kommt darauf an, diese Gaben zu gewinnen. Ezeon Geber war immerhin für die Juden ein Weg zum Verkehr mit der Welt, möglicherweise zur Befreiung vom Druck der Nachbarmächte. Fiume öffnet immerhin Ungarn, wie einst Danzig Polen, einen Weg zur unabhängigen Verbindung mit der übrigen Welt. Und doch liegen Ezeon Geber, Danzig, Fiume in den hintersten Winkeln entfernter Abzweigungen des großen, freien Meeres.

Das Meer bringt als größte einheitliche Erscheinung der Erde die Raumverhältnisse viel reiner zum Ausdruck als das Land. Alle Staatenentwickelung steht unter dem Gesetz des Fortschreitens von engen zu weiten Räumen. So wuchs auch jede Seeherrschaft nach dem Gesetz der zunehmenden Räume, und die Meere zeigen dieses Gesetz viel deutlicher als die Länder, weil in der Weite und Ebenheit der Meere der Raum an sich reiner hervortritt. Es handelt sich auf dem Meere in erster Linie um die Bewältigung der Entfernungen, wobei zahllose Nebenumstände wegfallen, die den Verkehr zu Lande beeinflussen. Man kann nur vom Treibeis als einem wesentlichen Hindernis des Seeverkehres sprechen. Daher entscheiden für die Entwickelung der Seebeherrschung die Raumverhältnisse der Meere so klar und bestimmt wie nirgends auf dem Lande. Seefahrer, die mit Kühnheit weite Strecken zurücklegten, hatten daher immer einen unverhältnismäßigen Vorsprung vor ängstlicheren Nachfolgern. In ihren Händen war eine Waffe mehr, die bessere Seefahrtskunst, die vor allem den Mut voraussetzt. Auch auf dem Lande fesselt der Feldherr den Sieg an seine Fahne, der rascher marschiert, zeitiger zur Stelle ist und entschiedener verfolgt. Und auch der Kaufmann ist sicherer, zu gewinnen, wenn er die Zeit, die seine Waren brauchen, um anzukommen, zu verkürzen oder doch genau zu bestimmen weiß. Aber auf dem Meere entscheidet in kriegerischen und friedlichen Kämpfen der Raum fast allein. Und weil nun dieser Raum von Natur soviel größer ist als der Raum des Landes, darum wirkt das Meer auf den politischen und wirtschaftlichen Blick schärfend und erweiternd zugleich.

Die Einheit des Meeres.

Trennt das Meer zuerst die Länder, so ist doch weiterhin dem Verkehr auf dem Meere selbst keine dauernde Schranke zu setzen. Wenn die Grenzen des Landes Verkehr und Staatenwachstum früh abschließen, zieht das gemeinsame Verkehrsgebiet eines Meeres so weit hinaus, wie die Wasserfläche ungebrochen reicht. Dieses Gebiet ist allen Völkern offen, die es umwohnen. Wenn sie es politisch nicht zu beherrschen wissen, pflegen sie auf ihm ihren Verkehr. Unabhängig von der wechselnden Beherrschung des Meeres oder seiner Teile durch die Uferstaaten gehen in der Tiefe die Berührung der Völker und der stille mannigfaltige Austausch weiter, gerade wie in der Tiefe der Meere die großen Prozesse des Wasseraustausches zwischen Nord- und Südhalbkugel unter wechselnden Zuständen der Oberfläche ruhig fortschreiten. Während sich die Staaten um das Mittelmeer herum befehdeten, blieb das Mittelmeer als eine große, still wirkende Naturmacht vermittelnd und verbindend tätig und machte die Völker an seinen Gestaden einander immer ähnlicher, schuf mittelmeerische Völkerverwandtschaft und Kulturgemeinschaft. Das ist die Einheit der Natur, die die Zersplitterung der Menschen sachte auflöst.

So findet denn eine naturgegebene Gruppierung der Völker und Staaten um die Gebiete der Meere oft leichter statt als in den politischen Nachbarschaften am Lande. So hat im engen Rahmen des Mittelmeeres die Beschleunigung des Verkehrs über Wasser schon früh belebend auf die Verbindung der rings um das Mittelmeer gelegenen Länder zu einem Ganzen gewirkt. In der vorgang- und beispiellosen Organisation der Weltherrschaft Roms zeigte sich der Vorzug der Seeverbindung praktisch wirksam im Zusammenhalt des größten der bis dahin begründeten Reiche. Das war als politische Lage etwas Ähnliches wie die physische Lage der Atlantis im Gedanken Platons. Die Fundamente Roms ruhten auf den Küstenländern des Mittelmeeres, aber ihre Verbindungen führten kreuz und quer über das Meer weg. Ein Meer und Ein Reich! Auch eine Macht wie die britische ist nur durch ihre Zerstreuung über verschiedene natürlich miteinander verbundene Meere zusammenzuhalten gewesen. Die große Ungleichartigkeit ihrer Teile würde den Zusammenhalt allein mit schwerfälligen Landverkehrsmitteln bei so weiter Zerstreuung unmöglich gemacht haben. Wenn Ostsibirien an Rußland fast nur durch die Macht der Trägheit hängt, so ist umgekehrt das englische Weltreich nur durch die rasche Verwendung kleiner Kräfte, die vermittelst seiner Flotte auf jeden Punkt der Erde geworfen werden können, lebensfähig. Ist es doch eine Schöpfung dieser Flotte. Daher in allen Teilen der Erde die energische Arbeit an der Schaffung von Dampfer- und Kabellinien. Der Verkehr könnte sie zum Teil noch entbehren, aber die Politik der »Imperial Connections« hat sie nötig.

Das Große und Einheitliche des Meeres wird verstärkt durch die innere Übereinstimmung seiner Natur. Die einfache und einförmige Größe ist die Grundeigenschaft des Meeres, die uns schon bei jedem Blick vom Ufer überwältigend entgegentritt. Das Land hat nirgends diese Weite und Einfachheit des Horizontes. Überall ist das Meer die Salzflut von ähnlicher und über weite Strecken hin gleicher Mischung und daher wenig veränderlich in seinen physikalischen Eigenschaften. Das Meer ist unter allen Zonen das gleiche grüne oder blaue. Es spiegelt das Nordlicht und die Tropensonne in gleicher Goldglut wider und wirft dem Eisberg und dem Korallenriff seine Brandungswelle in gleichen Formen entgegen, die in denselben milchweißen Gischt zerstäuben. Das Meer überträgt auf das Land diesen großen Zug einer einheitlichen Natur. Wo immer das Meer die Erde küßt, hat die Erde Küstenlandschaften von verwandtem Charakter geboren. Der große Reichtum ähnlicher Küstenformen im östlichen Mittelmeer hat sicherlich zuerst die Beheimatung der Völker begünstigt, die dort an fremdem Strand die frühgewohnten Umgebungen wieder fanden. Dann hat aber noch weiter über die Welt hin die Ähnlichkeit der Dünen-, Marsch- und Deltaküsten in allen Zonen echten Seevölkern ein starkes Gefühl der Weltbeheimatung verliehen. Nicht das Erklingen der Heimatsglocken im Gemüte ist hier das Entscheidende, sondern daß es für Träger des Weltverkehrs und Anstreber einer Weltherrschaft höchst praktisch ist, an keiner Küste fremd zu sein.

Das Meer und die Meere.

Das Land ist wenig im Vergleich mit dem Meer, aber es ist in hunderttausend Teile zersplittert und weithin zerstreut. Und so sind denn Erdteilinseln, Inseln und Eilande durch alle Meere verbreitet und zerteilen das eine Meer in viele große und kleine Abschnitte. Hängen die Meeresteile auch alle irgendwie zusammen, so werden sie doch weit auseinandergezogen, und der Weg von einem Teil des Meeres in den anderen wird durch zwischengelagertes Land ein weiter Umweg. Mächtige ozeanische Ausbreitungen sind durch schmale Straßen, echte Meer-„Engen", miteinander verbunden. Ein Meeresteil ist inselreich, ein anderer so arm, daß er kaum eine Rastinsel, kaum eine Klippe für die Befestigung eines Kabels darbietet. Jener ist in lauter kleine, inselumrandete Meere zerlegt, dieser ist eine einförmige Wasserwüste.

So sehen wir also nicht zunächst das Eine Weltmeer, sondern die großen und die kleinen Meere, die seine Teile sind. In der Erziehung des Menschengeschlechtes sind aber kleine Meere die niederen Schulen gewesen, und in großen Meeren vollendete sich die Ausbildung echter Seevölker. Unsere Kultur ist vom östlichen Mittelmeer ausgegangen. Die Schiffahrt von Insel zu Insel und von Halbinsel zu Halbinsel hat ihren Fortschritt am wesentlichsten gefördert. Blicken wir von diesem Punkt über die Meere der Erde hin, so sehen wir eine Kette wachsender Meeresräume sich um den Erdball schlingen. Das Mittelmeer ist enger im Osten, weiter im Westen, und über diesen Westen hinaus dehnt sich in unabsehbarer Weite der Ozean. Östliches Mittelmeer, westliches Mittelmeer, Atlantischer Ozean, Stiller Ozean, Weltmeer: das ist die Reihenfolge der Entdeckungen und der geschichtlichen Bedeutung.

Indem also die Seeherrschaft aus engeren in weitere Räume schritt, wanderte sie stetig nach Westen dem Ozean zu. Für die Griechen war zuerst nur das Meer östlich von Griechenland Griechenmeer, das westliche fremdes. Das Meer westlich von Griechenland erschien ihnen als ein insselloser Ozean im Vergleich zu dem Ägäischen Inselmeer, seine Strömungen und ungewohnten Winde waren dem Eindringen von Osten her ungünstig. Ein alter Schifferspruch sagte: Bist du um Kap Malea herumgefahren, so vergiß, was daheim ist. Die Odyssee sieht noch nicht einmal deutlich das Adriatische Meer.

Die alte Kultur, der unsere Kultur entspringt, ist im Mittelländischen Meer groß geworden, und eine ihrer Wachstumskräfte war der Trieb, dieses Meer zu entdecken, wirtschaftlich und politisch zu beherrschen. Daher mußten zuerst die inneren Unterschiede des Mittelmeeres überwunden werden. Als diese Aufgabe vollendet war, da zeigte sich erst das einzige Tor zur ozeanischen Schiffahrt im äußersten Westen: die Meerenge von Gibraltar. So lag überhaupt im Westen für die Schiffer der halbgeschlossenen Meere Europas die weite, zunächst die gefürchtete Welt. So lag für die Bewohner der Ostsee und der Fjorde Norwegens westlich von Dänemark und Norwegen das weite Westersalt und die dahin schiffenden Westerwikinge hatten schon zwischen Dänemark und Schottland 700, zwischen Norwegen und Schottland 500 km zu durchmessen. Was Wunder, wenn so der Westen das Ziel der Kühnsten war, daß Westeuropa mit der Zeit das Ausgangsgebiet der kühnsten transatlantischen Schiffer, Entdecker und Eroberer wurde? Man könnte sie das Erzeugnis einer Auslese nennen, die westwärts zu immer schwereren Aufgaben wanderte.

Auch die halbgeschlossenen Randmeere zwischen den Festlandsgestaden Asiens und den Inselgruppen der Kurilen, Japans, Formosas, der Philippinen und des Australisch-Asiatischen Mittelmeeres bereiteten auf den weiten Stillen Ozean vor. So fangen Inselketten zwischen Festland und Meer die hinauswogenden Völker gleichsam auf, bieten ihnen Rastplätze und lassen sie für weitere maritime Unternehmungen sich vorbereiten. Daher auch die Stützung der Seevölker des Westens und Ostens auf Norwegen, Dänemark, die Britischen Inseln, die Sundainseln, die Inselgirlanden Ostasiens und die dem Eismeer zugekehrten Halbinseln Amerikas. Diese Inseln und Halbinseln sind mehr als ihre Heimat, sie sind ihre Schulen, ihre Arsenale, die Ausstrahlungsgebiete von Weltwanderungen.

In Einzelheiten der Entwickelung des Schiffsbaues und der Schiffahrtskunst läßt sich dieses Fortschreiten von Meer zu Meer, jedes eine höhere Schule, verfolgen. Immer wiederholte es sich, daß, was zuerst ein Vorzug gewesen war, später zum Hemmnis wurde; das Gängelband wurde zur Fessel. Wohl war es ein Vorteil für die erste Schulung in der Schiffahrt, wenn die Inseln weite Meeresräume verkleinerten. Aber nicht günstig für den nautischen Fortschritt war es, wenn ein enges Fahrwasser Furcht vor weiten Flächen anerzog, wie man von den Leuten von Megara erzählt, daß sie mit Vorliebe ihrem heimischen Meer ähnliche, enge Gewässer aufgesucht und daher mit soviel Zähigkeit in der Propontis Fuß gefaßt hätten. Während die Syrakusaner zauderten, um das gefürchtete Kap Pachynos herumzufahren, drangen die von weither kommenden, an weite Meere gewöhnten Rhodier vor und gründeten Gela. Die Schule der Schiffahrt war für die Phokäer im westlichen Mittelmeer schon eine schwerere als für ihre jonischen Genossen im östlichen; sie lernten, den Winter in See zu bleiben, und fuhren auch bei wolkenverhängtem Himmel in ihren schmalen, langen Schiffen, die halb Handels-, halb Kriegsschiffe waren. Mit dem Eintreten Westeuropas in die Geschichte vermehrten und vergrößerten sich die Schauplätze und verschärfte sich der Wettbewerb.

Das Mittelmeer bewährte sich als die Schule der Seefahrt für die Völker Europas bis in das Zeitalter der Entdeckungen, das die hier gewonnenen Kenntnisse um die ganze Erde trug. Die größten Schiffervölker des Altertums waren die mittelmeerischen Phönizier und Griechen gewesen. Aus Karthago und Massilia liefen unter punischer und griechischer Führung die größten maritimen Entdeckungsexpeditionen aus, von denen die Geschichte vor der Zeit der transatlantischen Entdeckungen berichtet. Die überlieferten Namen Hanno und Pytheas, als der Entdecker Westafrikas und des europäischen Nordwestens, überstrahlen alles auf diesem Gebiet, bis Vasco da Gama und Kolumbus aufleuchten. Noch in jüngeren Jahrhunderten hat aber kein Volk die Seeschiffahrt so gefördert wie die Italiener. Sie haben den Kompaß vervollkommnet, die Seekarten zeichnen gelehrt, die bedeutendsten Denker und Vollbringer der Entdeckung Amerikas in Toscanelli und Kolumbus gestellt.

Erst der Wettbewerb der in der atlantischen Schule großgewordenen West- und Nordeuropäer hat sie zurücktreten lassen. Die nautischen Leistungen der mittelmeerischen Schiffer, seien es Phönizier, Griechen oder Römer, halten von Anfang an nicht den Vergleich aus mit dem, was die Kelten und Wikinge des Atlantischen Ozeans vollbrachten. Auch in der Epoche der entwickelten antiken Zivilisation trieb jene Kriegsfahrzeuge das Ruder, während an der Westküste Galliens die Veneter unter Ledersegeln auf Handel wie in den Krieg fuhren. Die härtere Schule der nordischen Meere, des offenen Ozeans verrät sich in den kräftigeren Zügen, welche die Normannen unternahmen. Der Teil des Atlantischen Ozeans, den sie 500 Jahre vor Kolumbus durchschnitten, um entlegene Küsten der westlichen Welt zu entdecken, ist viel schwerer zu befahren als jener südlichere, wo der Weg des Kolumbus liegt: die Normannen fuhren entgegen der Richtung der heftigsten und veränderlichsten Sturmzentren. Man bezeichnet die Entdeckung des Seewegs nach Indien als die erste Ursache zum Sinken der Macht Venedigs; aber tiefer wirkte die geringe Vertrautheit mit der ozeanischen Schiffahrt auf den Rückgang Venedigs ein, das gerade darum auch im Schiffsbau zu weit hinter den atlantischen Völkern zurückgeblieben war. Jenen fehlte nur die Menschenzahl, die notwendig war, um ihrer Expansionslust und -fähigkeit dauernde Ergebnisse zu schaffen, die ja auch heute in der verhältnismäßig gewaltigen Größe der norwegischen Handelsflotte (1. Jan. 1909: 1581146 Registertonnen) sich ausspricht.

Der Atlantische Ozean ist das erste von den großen Meeren, mit dem die Völker vertraut wurden, die den Faden der Geschichte bis zur Gegenwart herab spinnen. Es ist in vielen Beziehungen das zugänglichste. Der Atlantische Ozean bietet 32mal mehr Raum als das Mittelmeer und 221mal mehr als die Ostsee dar. Er ist schmal und langgestreckt, klein im Verhältnis zu den Erdteilen an seinem Ost- und Westrand, er erleichtert, d. h. er verkürzt ihren Verkehr. Seine Ausläufer reichen nach Osten und Westen tief zwischen die Länder der Alten und Neuen Welt hinein, und zahlreiche Inseln an beiden Küsten verstärken »the blending of the Water with the Land«, das ihm etwas von dem Charakter eines Binnenmeeres im Gegensatz zu dem offenen Stillen Ozean aufprägt. Dieser ist der Große dem Raum nach, der Atlantische ist aber größer an geschichtlichen Wirkungen, er ist als geschichtlicher Ozean an die Stelle des Mittelmeeres getreten. Der Atlantische Ozean erteilt seinen Küsten, wie sie auch sonst geartet sein mögen, einen höheren Wert als der pazifische (vgl. die Übersicht über die wichtigeren Häfen am Schlusse des Buches). Die engsten Völker- und Staatenbeziehungen überspannen den Atlantischen Ozean hinüber und herüber. Können doch die Vereinigten Staaten von Amerika ebenso wie die Dominion von Kanada als eine zisatlantische Schöpfung betrachtet werden. Diese Überlegenheit des »Europefronting Shore« reicht in Nordamerika in die Gegenwart herein. Die ältesten, volksreichsten und verkehrsreichsten Kolonien und Staaten Nordamerikas liegen noch heute am atlantischen Rande, die größten und reichsten Städte, die hervorragenden politischen und geistigen Mittelpunkte findet man auf diesem Gestade, das die Natur selbst für den Verkehr mit Europa gestaltet zu haben scheint. Vier Erdteile und zahllose Länder liegen auf beiden Gestaden des Atlantischen Ozeans einander gegenüber, wie an einem mächtigen Strome hin. Keine Macht kann ihn in seiner ganzen Ausdehnung zu beherrschen hoffen. Eine möglichst große Ausdehnung an seinem Rande und auf seinen Inseln, das ist das einzige vernünftige Ziel einer atlantischen Politik. Die Tendenz geht denn auch durch die ganze Geschichte Westeuropas, das Gestadeland von Gibraltar bis Schottland in eine Hand zu bringen. Spanien, England und Frankreich lösten einander darin ab. Als die spanische Monarchie England von den Niederlanden als von eigenem Boden her angreifen konnte, war sie der Verwirklichung der Beherrschung des atlantischen Europa am nächsten gekommen und beherrschte zugleich von Amerika und Nordafrika aus den südlichen Atlantischen Ozean. Von der Erwerbung Kanadas bis zur Unabhängigkeitserklärung der Vereinigten Staaten (1763—76) hatte auf dem Nordatlantischen Ozean England dieses Ziel nahezu erreicht. Heute erscheint wenigstens der nördliche

Atlantische Ozean als ein unzerlegbares Verbindungsmeer zwischen den zwei eigentlichen Kulturerdteilen unseres Zeitalters: Europa und Nordamerika.

Der Stille Ozean ist die Hälfte des Weltmeeres. Er schiebt sich wie ein Keil zwischen Asien und Amerika von Süden her ein. Die Basis dieses Keiles nimmt fast die Hälfte des Erdumfanges in der südlichen gemäßigten Zone ein. Die weit auseinander gezogene Gestalt des Stillen Ozeans läßt nur im hohen Norden, gerade unter dem Polarkreis, eine Annäherung Asiens und Amerikas zu, legt dagegen im Süden ebenso wie in der Tropenzone große Meeresräume zwischen die einzelnen Länder. 20 Tage dauert die Fahrt von San Francisco nach Yokohama, 26 Tage von San Francisco nach Auckland, 62 Tage von Liverpool um das Kap Hoorn nach Melbourne, 52 Tage um das Kap der Guten Hoffnung nach Sydney. Dafür haben wir aber hier 3 Gestade statt 2: Westamerika und Ostasien liegen einander gegenüber, Australien und Neuseeland liegen beiden gegenüber. Die bedeutendsten, zukunftsvollsten Gebiete der Südhalbkugel vereinigen sich im Stillen Ozean, und was dereinst von einer großen, selbständigen Geschichte der Antipoden sich verwirklicht, das wird seinen Schauplatz vorzüglich im südlichen Stillen Ozean haben. Der Atlantische Ozean hat das meiste beigetragen, den Schauplatz der Geschichte über die Nordhalbkugel auszubreiten, dem Stillen Ozean fällt diese Aufgabe für die Südhalbkugel zu. Eine zweite Tatsache von Bedeutung, die uns hier entgegentritt, ist das Übergewicht Ostasiens. China und Japan, zwei glänzend ausgestattete Reiche, die zusammen fast $^1/_3$ der heutigen Bevölkerung der Erde umschließen, liegen den zwischen Kordilleren und Ozean nur schmalen, pazifischen Ländern Amerikas gegenüber. Aber diese beiden Länder beginnen erst, den Weg ozeanischer Unternehmung und Ausbreitung zu betreten; Japan freilich in auffallend raschem Tempo. Seit dem Frieden von Portsmouth (1905) hat es sich — Rußland vom Meere verdrängend, — den Vereinigten Staaten im nördlichen Stillen Ozean an die Seite gestellt; im südlichen herrscht England. Und auf den Inseln des Tropengürtels haben verschiedene Mächte, neben England besonders Frankreich, Deutschland und die Vereinigten Staaten von Amerika, teilweise als Erben Spaniens, sich Kolonien gegründet.

Die für 1915 zu erwartende Erschließung des Durchganges bei der Panama-Landenge wird den Eintritt von Osten her erleichtern, der bisher nur um Südamerika herum möglich war. Von Europa aus wird man Lima und Valparaiso in der Hälfte der jetzigen Fahrtdauer erreichen können. Umgekehrt werden die pazifischen Staaten der Union der atlantischen Welt näher gerückt. Die Vereinigten Staaten werden dadurch den sichersten Gewinn von dieser Erschließung haben. Denn wenn man auch sagt, die größte Entwicklung der Menschheit sei dem Stillen Ozean vorbehalten, so entscheidet doch in den nächsten Jahrzehnten noch immer die Stärke, mit der ein Staat auf dem atlantischen Schauplatz aufzutreten vermag. Den Vereinigten Staaten aber gibt ihre geographische Lage die Möglichkeit, ihre ganze atlantische Kraft auf die pazifische Seite zu werfen, da sie den künftigen interozeanischen Kanal beherrschen werden.

Der Indische Ozean ist physisch nur ein halber Ozean, denn er entspricht nur der südlichen Hälfte des Atlantischen und des Stillen Meeres, wie er denn auch an Größe weit hinter diesen zurücksteht. So fehlt ihm auch die freie Verbindung mit dem Norden der Erde; er ist nicht mit Unrecht als eine mächtige Bucht des Südmeeres aufgefaßt worden. Aber an der Sonderung der großen Teile der Erde beteiligt sich auch der Indische Ozean; er tritt trennend zwischen Asien, Australien und Afrika. Australien liegt passiv neben ihm, aber an dem engen Zusammenhang der Völker Südasiens und Afrikas, der vor aller Geschichte liegt, hat wohl der Indische Ozean seinen Anteil. Seine afrikanisch-asiatische Zwischenstellung hat ihn in geschichtlicher Zeit zum Schauplatz der folgenreichen Verkehrsbeziehungen zwischen Indien und Ostafrika gemacht, die in seinen wichtigen Nordausläufern, dem Persischen Meerbusen und dem Roten Meer, den Übergang zur Kulturwelt des Nordwestens suchten. Die Erschließung eines neueren Seeweges nach Indien bedeutete einfach die Entdeckung des Zuganges zum Indischen Ozean vom Atlantischen Meere aus. Und in der Gegenwart sind wir Zeugen des Bestrebens Englands, dieses Meer zu einer Art Mittelmeer zu machen, um dessen Ränder sich indische, australische, süd- und ostafrikanische, arabische und insulare Teile des englischen Weltreiches gruppieren.

Die geschichtliche Zukunft der drei großen Meere ist heute nur aus den natürlichen Zügen ihrer Physiognomie zu erahnen, die in Jahrhunderttausenden nicht verwittern können. Diese Zukunft wird im Atlantischen Meere nördlicher gelegen sein als im Stillen und im Indischen Ozean.

Wir stützen uns nicht auf die zufällig nördlicher gelegenen Ausgangsgebiete großer Kulturbewegungen in den Gestadeländern des Atlantischen Meeres zwischen 30° n. B. und dem nördlichen Polarkreis. Wir denken vielmehr an die Lage der Klimazonen und an die belebende Gliederung des Nordatlantischen Ozeans, dessen Gegenstück nur wieder auf der Südhalbkugel in Australien zu finden ist. Und wir denken an das Verhältnis des Atlantischen Meeres zu den zwei wichtigsten Mittelmeeren, deren geschichtliche Bedeutung noch lange nicht voll entfaltet ist; denn indem das europäisch-afrikanische Mittelmeer die Pforte zum Indischen und das amerikanische die Pforte zum Stillen Meere ist, bleibt auch bei einer Verschiebung der heutigen Schwerpunkte nach Osten und Westen der Atlantische Ozean gleichsam die Vorhalle einer künftigen indo-pazifischen Welt.

Randmeere und Mittelmeere.

Das Eindringen der Ozeane in die Festländer schafft die Randmeere und Mittelmeere. Es sind nur kleine Buchten im Vergleich mit den großen Meeren. Das Mittelmeer bedeckt $^1/_{27}$, die Nord- und Ostsee zusammen $^1/_{82}$ der Fläche des Atlantischen Ozeans. Die Bedeutung dieser Randmeere liegt einmal darin, daß sie kleinere, leichter umfaßbare und durchmeßbare Meeresteile sind, und dann in ihrer Lage zwischen großen Ländern und Meeren. Indem diese Buchten in die Länder einschneiden, bilden sie zugleich Verlängerungen eines Meeres in der Richtung eines anderen, und dadurch werden sie auch wichtige ozeanische Verbindungsglieder.

Die Zugänge zu den Randmeeren sind naturgemäß immer zugleich Tore in das Innere eines Festlandes. So, wie der Golf von Patras alle Landschaften Mittelgriechenlands und der Peloponnes um den Golf von Korinth erschließt, gelangt man durch den Sund und den Bosporus zu Schiff bis tief nach Osteuropa hinein. Die Straßen von Florida und von Catoche führen im Golf von Mexiko auf Stellen Amerikas hin, die nahe am Pazifischen Meere liegen, und zu dem Tore ins mittlere Nordamerika, das die Mündung des Mississippi bildet. Daher auch die Bedeutung Kubas für Nordamerika; an Kuba hin führt auch längsweis der Weg von den atlantischen zu den Golfhäfen Nordamerikas.

Die erdgeschichtlich und menschheitsgeschichtlich bedeutsamste Stellung nehmen unter den Randmeeren die drei Mittelmeere ein, die zwischen Europa und Afrika, Nord- und Südamerika, Asien und Australien liegen. Ihre im Verhältnis zur Ausdehnung beträchtliche Tiefe, ihre formenreichen Gestade, die Mannigfaltigkeit ihrer Inseln und Halbinseln verleihen ihnen eine hohe natürliche Eigenartigkeit, die im Einklang steht mit der bedeutsamen interkontinentalen Lage. An diese Lage besonders knüpft ihre geschichtliche Rolle an. Man stellt zwar die reiche Gliederung des europäisch-afrikanischen Mittelmeeres in den Vordergrund, aber dieses ist eine von den beschränkten Auffassungen, die aus der Überschätzung der europäischen Geschichte hervorgehen. Denn eine große Stellung zum Weltverkehr ist allen drei Mittelmeeren durch ihre Lage zwischen je zwei Festländern im Norden und Süden ganz gleichmäßig gewiesen. Eben dadurch sind sie die Träger der wichtigsten interozeanischen Verbindungen. Das australasiatische Mittelmeer ist von Natur offen, das europäisch-afrikanische ist durch den Sueskanal aufgeschlossen worden, so daß es die kürzeste Verbindung zwischen dem Atlantischen und Indischen Ozean geworden ist, das amerikanische ist auf dem Wege, durch den interozeanischen Kanal aufgeschlossen zu werden. Wenn dieses Werk vollendet sein wird, werden die drei großen Meere durch die drei Mittelmeere miteinander verbunden sein, und ein Wasserkreis wird mitten zwischen den Nord- und Süderdteilen um die ganze Erde ziehen. Dann wird sich den natürlichen Übereinstimmungen der drei Mittelmeere die Ähnlichkeit ihrer geschichtlichen Aufgabe noch deutlicher erkennbar zugesellen.

Natürlich wirken durch dieselben Mittelmeere auch die Festländer aufeinander, zwischen denen sie gelegen sind. Unser Mittelmeer erschließt die Wege nach Afrika, das australasiatische ist für Völkerverbreitung und Entdeckungsgeschichte der Weg von Asien nach Australien. Etwas anders ist geschichtlich und politisch die Stellung des amerikanischen Mittelmeeres. Auch es erschließt Südamerika für Nordamerika, aber die Neue Welt verlangte vor allem Besiedelung; ihre Mächte breiteten sich mit Pflug und Wagen über die weiten Länder aus. Daher eine vorwiegend kontinentale Entwicklung. Das amerikanische Mittelmeer hat daher keine geschichtliche Rolle gespielt wie „unser" Mittelmeer, das Meer unserer Geschichte. Und da es keine Inselwelt vor sich hat, wie das australasiatische im westlichen Stillen Ozean, hat es auch nicht der Ausgangspunkt einer großen ozeanischen Völkerverbreitung werden können. Doch hat von Kuba und

Santo Domingo aus Spanien den Kern seines amerikanischen Kolonialbesitzes zusammenerobert, und wiederum bildet das amerikanische Mittelmeer die Mitte eines großen Staatengürtels, der von Florida und Kuba durch die Golfstaaten der Union, Mexiko, die mittelamerikanischen Staaten, Columbia, Venezuela und die drei Guyanas sich zieht und die Inseln Westindiens mitumfaßt. Durch den mittelmeerischen Einschnitt des Golfes wird eine Südküste geschaffen, durch die Nordamerika nach der mittel- und südamerikanischen Seite aufgeschlossen und um so entschiedener hingewiesen wird, als das ganze Mississippibecken nach derselben Seite geneigt ist. Mit jedem Fortschritt des interozeanischen Kanals muß sich die Bedeutung dieses den dereinstigen Zugang aus dem Atlantischen in den Stillen Ozean beherrschenden Mittelmeeres noch steigern.

Heben wir aus den Nebenmeeren die uns vertrautesten heraus, Nordsee und Ostsee, seichte Meere, die in einer nicht sehr entlegenen Epoche der Erdgeschichte teils Land, teils Binnensee gewesen sind. Es sind kleinere und weniger selbständige Abschnitte; doch wichtige Zugänge bleiben sie immer, und ein gewisser mittelmeerischer Charakter ist besonders der eng umschlossenen Ostsee eigen.

Über die Ostsee, sechsmal kleiner als das europäisch-afrikanische Mittelmeer, wird in höherem Maße von einzelnen Mächten beherrscht, die den größten Teil ihrer Küsten innehaben. Die Ostsee erinnert mehr an das ähnlich kleine und umschlossene Schwarze Meer mit seinen zwei großen und zwei kleinen Pontusstaaten. Dietrich Schäfer sagt von der Ostsee, sie nehme im Verkehrsleben des letzten Jahrtausends ihre Stelle neben, nicht unter dem Mittelmeere ein; im Verkehrsleben, ja. Aber zur weltgeschichtlichen Stellung fehlt die Lage zwischen den Kontinenten, die ihre Wirkungen auf und über das Meer erstrecken. Als geschlossenes Gebiet einer intensiven Entwickelung des Seeverkehrs innerhalb ihres Beckens und land- wie seewärts darüber hinaus zeigt natürlich die Ostsee nicht wenig Analogie zum Mittelmeer, selbst im Gange der neueren Geschichte. Die großen Völker- und Warenbewegungen der Kreuzzüge haben im Mittelmeer wie in der Ostsee das Städtewachstum gefördert; hier wuchs besonders Lübeck durch die Fahrten nach Livland und Preußen wie dort Venedig. Es fällt in dieselbe Zeit eine künstlerische Entwickelung, die im großen Zuge den südbaltischen Städten etwas Mediterranisches aufprägt. Aber während das Mittelmeer am Südrande Europas vom Westrand bis zum Ostende Europas und Afrikas zieht, ist die Ostsee nur der letzte, östlichste, sackartig geschlossene Ausläufer einer großen, vor dem mittleren Europa liegenden Ausbreitung des Atlantischen Ozeans. Auch in dieser beschränkten Lage ist sie eher mit dem Schwarzen Meere als dem ganzen Mittelmeere zu vergleichen. Die Ostsee liegt hinter der Nordsee wie das Schwarze Meer hinter dem Ägäischen, beide liegen an der Schwelle Osteuropas; aber allerdings öffnet sich breit nach der Nordsee der Ozean, dessen Strömungen und Verkehrsströme bis in die Ostsee hineindringen. Die Ostsee steht deshalb troß ihres salzarmen Wassers politisch-geographisch dem Ozean näher als das Mittelmeer. Gerade wegen dieser Verbindung ist der Nordostseekanal, mehr noch als ein großer Verkehrsweg der Nord- und Ostseeländer, eine Lebensader des Deutschen Reiches. Haben wir ihn doch aus derselben Wurzel sich entwickeln sehen, wie Deutschlands neue Seemachtstellung und das Reich selbst. Die Zukunft wird ihn von denselbem Lichte geschichtlicher Bedeutung umflossen sehen, in dem uns der Sund beim Rückblick auf die Hansa erglänzt. Selbst der Elbtravekanal, der seit 1900 Hamburg mit Lübeck verbindet, kräftigt Deutschlands atlantische Stellung in der Nordsee durch die doppelte Erschließung baltischer Machtquellen von Westen her.

Die Nordsee ist weder so engräumig noch so fest umschlossen wie die Ostsee. Sie ist weniger „inneres Meer" als vielmehr Durchgangsmeer. In der Lage der Nordseemächte kommt es daher vor allem auf die Entfernung vom Atlantischen Ozean an. Nordseemächte, die zugleich am Atlantischen Ozean liegen, wie Großbritannien und Norwegen, sind besser daran als Mächte, die nur an das Nebenmeer grenzen wie Deutschland, Dänemark, Holland und Belgien. Unter diesen sind Belgien und Holland durch die Nähe am Tor des Kanales begünstigt, der in das Atlantische Meer hinausführt. Darin, daß sie an der Nordsee und an der Ostsee liegen, ist die Verflechtung der Geschicke Dänemarks und Deutschlands begründet. Und wie die Schwierigkeiten des Verkehrs zwischen Nord- und Ostsee einst die wendischen Städte zum Kern der Hansa machten, so haben sie die Schaffung einer deutschen Seemacht an den Besitz Schleswig-Holsteins geknüpft.

Deutschlands Lage zum Meer wird immer eine zurückgeschobene Lage an einem Ausläufer des Atlantischen Ozeans sein. Seine Lage ist insofern auch eine mittelmeerische, ohne unmittelbaren Lageanteil am Atlantischen

Ozean, und kann z. B. mit der seines Bundesgenossen Italien verglichen werden. Italien hat ein größeres Meer vor sich, mit weiteren und verschiedenartigeren Ländern von kontinentaler Größe. Aber die deutschen Meere haben bessere Ausgänge zum Ozean. Die zurückgeschobene Lage Deutschlands macht sich indessen greifbar im Verkehr geltend. Wenn bei Fahrten aus deutschen Häfen nach den atlantischen Plätzen Nordamerikas von nahezu 4000 Seemeilen $^1/_{10}$ auf den Weg von der Nordsee in den offenen Atlantischen Ozean fällt, so ist das auch politisch höchst wichtig. Für die Ostsee kommen die viel größeren Hemmungen der Fahrt durch den Sund und das Kattegat hinzu.

Das „geschlossene" Meer.

Ein ganz von einem Lande umschlossenes Gewässer gehört als ein im wahren Sinn geschlossenes Wasser diesem Lande an. Aber ein größerer Meeresteil bleibt immer ein Teil des freien Meeres, auch wenn seine Verbindungen stromartig eng sind, wie der Bosporus und die Dardanellen. Wir können also auch nicht den Begriff „Geschlossenes Meer" mit den Staatsrechtslehrern aus dem umschlossenen Meer heraus gewinnen, weil wir keinen Teil des Meeres, auch wenn er fast geschlossen ist, aus seinen Beziehungen zum ganzen Meer und zu den Ländern ringsum herausheben können. Wenn uns das Wesen eines im politischen Sinn geschlossenen Meeres bezeichnet wird als tiefes Hineinragen in das Land, schmale Öffnung Beherrschung aller Ufer sowie der Mündungen durch eine und dieselbe Macht, so ist das unvollständig; denn es ist damit gar nichts gesagt von der Naturnotwendigkeit eines solchen Meeres für den Verkehr der Länder, die über seine Grenzen weit hinaus liegen. Wenn dieser Verkehr die Freiheit des Meeres verlangt, dann sind jene Forderungen der Theorie nicht stark genug, um diese Freiheit zu verhindern. Wenn auch alle Uferländer der Ostsee oder des Schwarzen Meeres in einer Hand wären, und diese Hand wäre die stärkste, so würde sich die ganze übrige Welt zusammenschließen, um sich die Seewege nach Persien, Rußland, Schweden, Finland freizumachen.

Nur solange die Seemächte vereinzelt und zerstreut waren, gelangen solche Versuche. So vermochte Genua in einer ganzen Anzahl von Verträgen die südfranzösische Schiffahrt abzuhalten, ostwärts über Genua hinauszugehen. Vor allem sollten die Provençalen von dem wichtigen Sizilien ferngehalten und ihr Verkehr mit der Levante der Vermittelung Genuas vorbehalten werden. Schweden konnte das Dominium Maris Baltici beanspruchen, ja zeitweilig behaupten, als es keine beachtenswerte baltische Macht mehr gab. Im halb abgeschlossenen Adriatischen Meer beanspruchten die Venezianer die Herrschaft auf dem Wasser, wiewohl ihnen die lückenlose Umfassung aller Küsten nicht gelang. Aus der im 12. Jahrhundert trotz aller Rückschläge aufrechterhaltenen Politik der adriatischen Vorherrschaft entfaltete sich im 13. Jahrhundert der Rechtsanspruch Venedigs auf Alleinherrschaft in „seinem Golfe". Die Legende hat dann diese Entwicklung mit dem Frieden von Venedig, den im Sommer 1177 Kaiser Friedrich Rotbart mit Papst Alexander III. geschlossen hat, rückwärts in engsten Zusammenhang gebracht: just seit den päpstlichen Privilegien zur Erinnerung an den sagenhaften Sieg von Salvore erneuere, so glaubte man jahrhundertelang, jeder Doge die Vermählung Venedigs mit der Adria, als dem Meere Venedigs. Dieser Geschlossenheit näherte sich das Schwarze Meer, als es noch ganz in türkischen Händen war und auch der Eingang auf beiden Seiten von der Türkei beherrscht ward. Wie es einst die Milesier beansprucht hatten, so gab es 1261 der Vertrag von Nymphäum ganz den Genuesen. Als Rußland an das Schwarze Meer vorgerückt war, beanspruchte es die Mitherrschaft, während die Türkei an dem Recht festhielt, fremden Kriegsschiffen das Einlaufen in den Bosporus und die Dardanellen zu verbieten. Die Vereinigten Staaten beanspruchten, mit dem Ankauf Alaskas auch das Beringmeer erworben zu haben, und verboten den englischen Fischern dort den Robbenschlag. Es war nun die Frage, ob Rußland das Beringmeer als ein geschlossenes Meer betrachtet und in diesem Sinne samt der Herrschaft darüber an die Vereinigten Staaten verkauft habe. Die Frage ist 1893 zugunsten des geltenden Völkerrechts verneint worden; d. h. nur innerhalb der Gewässer bis zu 3 Seemeilen von der Küste haben amerikanische Schiffer ausschließlich die Robbenfangberechtigung. Trotzdem versuchte Rußland Anfang 1911 durch Ausdehnung der Dreimeilengrenze auf 12 Meilen alle anderen, namentlich aber die englischen Fischer vom Weißen Meer auszuschließen.

Es gibt kein Meer, dessen Herrschaft nicht einmal von irgend einer Macht in Anspruch genommen worden wäre. Wenn sogar der Versuch unternommen ward, das Weltmeer zwischen den beiden Staaten der Iberischen Halbinsel zu teilen, so war es bezeichnenderweise das weltumfassende Papsttum, das unter Alexander VI., 1493, diesen großartigen Plan ersann.

Übrigens sind derartige Ansprüche immer seltener erhoben und immer entschiedener bekämpft worden. Es sind immer mehr nur Forderungen, nur Worte. Die Entwickelung wird nicht hier stehenbleiben. Man wird vielmehr sagen können, daß mit jedem Schiff, das neu aufs Meer gesetzt, mit jedem Hafen, der begründet, mit jedem Seeweg, der eröffnet wurde, die Aussicht auf die Umfassung irgendeines Meeresteiles durch eine einzige Macht geringer geworden ist. Mit jedem Schritt derart wuchs ein Interesse am freien Meer, das ein wahres Weltinteresse ist.

Landvorsprünge und Meerengen.

Das feuchte Element kann nicht bewohnt, nicht durch die Arbeit mit Hacke und Pflug zu eigen gemacht, nicht abgegrenzt, nicht wegsam gemacht werden. Der Fischer, der die Schätze seiner Tiefe gewinnt, und der Kaufmann, der mit seinen beladenen Schiffen über das Meer fährt, sie kehren immer wieder zum Lande zurück. Ebenso kehren die Kreuzer zum Lande zurück, die eine bestimmte Meeresfläche militärisch zu sichern haben. Mit einem Worte: Das Meer an sich kann nicht erobert werden. Es entzieht sich der friedlichen Eroberung durch Arbeit ebenso wie der kriegerischen durch bewaffnete Umfassung. Die Ausgangspunkte des Seeverkehrs und die Stützpunkte der Seeherrschaft müssen daher auf dem Lande liegen.

Ihre natürliche Stelle ist die Küste, als Schwelle zwischen Land und Meer. Auf dem Lande sammeln die Völker die Kräfte, die sie über das Meer hinführen, und bauen sie die Schiffe, die Träger dieser Kräfte sein werden. Weil nun die Beherrschung des Meeres immer von Punkten und Strecken des Landes ausgehen muß, werden die Küstenlinien und Inselreihen die Leitlinien der Kraftäußerung zur See sein. Sie bestimmen die Richtung des ersten Hinausgehens der Völker wie die Ausdehnung des späteren Verkehres, sie leiten die Besitzergreifungen und sind zuletzt die Etappen, Schutzhäfen und Kohlenstationen seebeherrschender Flotten.

Die Form und Größe der Meere hängt von der Form und Lage ihrer Randländer ab. Was durch Vorschiebung der Küste die Entfernungen auf dem Meere vermindert oder durchbricht, gewinnt dadurch an Bedeutung für die Meerbeherrschung. Darin liegt die Wirkung der großen Umrißlinien meerumspülter Länder. Zunächst gewinnen Landvorsprünge jeder Art, die das Meer einengen, an Verkehrswert und an politischem Wert. Je weiter sie hinausragen, desto größer wird ihr Einfluß. Das zeigt am klarsten jede Halbinsel, die nach ihrer Spitze hin an politischem Werte wächst, bis eine darauf angelegte oder auf einer Insel vorgelagerte Stadt den ganzen Wert in sich verdichtet. Von der vorgeschobensten Stelle eines solchen Vorsprunges ist die gegenüberliegende Küste am raschesten erreicht; zwischen beiden spinnen sich am frühesten enge Beziehungen an. Da die atlantische Küste Nordamerikas je weiter nach Norden immer mehr gegen Osten vorspringt, kommt sie der europäischen immer näher. Von hier aus sind die Fahrzeiten von nördlichen Häfen

Nordamerikas nach europäischen kürzer als von südlicheren. Hier liegen daher die von den Normannen schon im elften Jahrhundert erreichten Teile von Nordamerika. Diese vom nördlichen Europa ausgehenden Entdeckungen haben Nordamerika bei Grönland, Labrador, Neufundland und Neuschottland getroffen; Dänemarks nordatlantischer und arktischer Kolonialbesitz, die älteste europäische Kolonie in der Neuen Welt, ist die Folge davon. Dazu kommt der weitere Vorteil, daß die nördlichen Wege auch kürzer sind, weil sie in höheren Breiten den Ozean schneiden. Ein Dampfer fährt von Liverpool nach Portland (Maine) fast einen Tag weniger als nach New York und nach Quebeck vier Tage weniger als nach Baltimore. So ist es auch für die Metropole der pazifischen Küste der Vereinigten Staaten, San Franzisko, nicht ohne Wert, daß sie durch die leichte Vorwölbung der mittleren pazifischen Küste Nordamerikas um 6 Längengrade der asiatischen Küste näher liegt als die südkalifornischen Häfen auf der einen, die Häfen von Oregon und Washington auf der anderen Seite.

Der Einfluß vorspringender Küsten breitet sich über das ganze Meer aus. Ein Land, das vorspringt, engt das Meer ein und nähert sich der gegenüberliegenden Küste. Die Linien des Längsverkehrs werden zusammengedrängt, die Linien des Querverkehrs verkürzt, und beide Länder, die so einander nachbarlich gegenüberliegen, gewinnen für einander an politischem Wert. Die Vereinigten Staaten von Amerika und Großbritannien sind das deutlichste Beispiel dafür. Nicht bloß hängen sie geschichtlich zusammen als Mutterland und Tochterland, bilden den mächtigen Kern einer in allen Erdteilen mächtigen anglokeltischen

Blutsverwandtschaft und die größten anglokeltischen Staaten, sondern sie pflegen auch noch heute einen Waren-Austausch, der 1909 3½ Milliarden RM. erreichte. Entsprechende Beziehungen zeigen Portugal und Brasilien im südatlantischen Ozean, historisch ganz gleich entstanden, kulturlich freilich weniger entwickelt. Frankreichs Beziehungen zu Algerien und Tunesien, Schwedens alte Verbindung mit Finland und Esthland gehören derselben Gruppe von Erscheinungen an.

In all diesen Zuteilungen und Verbindungen ist nun ein großes Gesetz, daß die Wichtigkeit des Meeres mit der Nähe der Küsten steigt. Wie heimisch auch es sich eine Seemacht auf dem Meere gemacht haben mag — ihre Häfen, ihre Waffenplätze, ihre Emporien liegen an der Küste. Die Seeinteressen schwimmen zwar, aber sie schwimmen vor ihren Ankern. Die auf die großen Ozeane gleichsam hinauswachsenden, von ihren Ländern so weit wie möglich sich loslösenden Interessen nähern sich dem Lande und rücken immer näher zusammen in den eingeengten Meeren, die bei zunehmender Annäherung der Küsten aneinander endlich fast auf die Stufe der Landseen herabsinken, die die Grenzmächte untereinander teilen. In demselben Maße, wie die Meere sich verkleinern, steigt der Wert ihrer Küsten, weil um so leichter von den Küsten aus das engere Meer unter Einfluß zu nehmen ist. Zur höchsten Bedeutung steigt aber der Einfluß der Küsten auf die Meere an den engen Eingängen, wo die Ein- und Ausfahrt unter die Kanonen der Küsten genommen werden kann. Hier hört die Freiheit der Meere vollständig auf. Und dabei drängt der Verkehr ganzer Meere sich in Sicht der zwei Küsten eines Sundes zusammen. Solche Meeresstraßen sind wie die Tore, die in eine Stadt hineinführen. Ihr Besitzer konnte sie einst öffnen und schließen und konnte Torzoll erheben. Sie bieten überall Stellungen, deren beherrschender Einfluß über das ganze Meer sich erstreckt, zu dem sie den Zugang bilden. Dazu kommt, daß gleich Flüssen die Sunde oft an beiden Ufern von demselben Volke bewohnt und beherrscht sind. Bildete doch selbst der stürmische Kanal für die Kelten keine Völkerscheide.

Die Macht, die die Straße von Gibraltar besitzt, ist ohne weiteres eine Mittelmeermacht auch ohne alle Stützpunkte im Mittelmeer selbst, und jede Störung seines Besitzstandes am Suêskanal oder in der Meerenge von Gibraltar ist für das Britische Reich fast so empfindlich wie eine Einbuße am Ärmelkanal selbst. Gerade darin, daß von kleinen Stellen so bedeutende Wirkungen geübt werden, zeigt sich die Neigung zur Konzentration der geschichtlichen Bedeutung, die alle Seeinteressen vom Handel bis zum Krieg zusammenfaßt und -hält. Auch der Sund gehört zu diesen geschichtlichen Stellen, von denen auf ihre Umgebung das Licht einer höheren Bedeutung ausstrahlt. Als Lebensader der baltischen Länder wird er frühe von den geschichtlichen Mächten der Ostsee erkannt, von der Hansa und Dänemark umkämpft. Mit der Beherrschung des Sundes erreicht die Hansa ihre Höhe. Ebenso groß war für Athen die Bedeutung des Sundes von Chalkis und auch des Bosporus im Peloponnesischen Krieg; lagen doch alle seine Verbindungen mit dem Norden und Nordosten darin.

Nicht die Zahl oder der Tonnengehalt der durchpassierenden Schiffe kann den Maßstab für die politische

Bedeutung eines solchen Durchganges geben. Man wird sie nur erfahren, wenn man fragt: Was liegt vor dem Sunde und was dahinter? Vor dem Bosporus liegt gerade soviel wie vor dem Suêskanal: das Mittelmeer und weiterhin der Atlantische Ozean; aber hinter dem Bosporus liegt nur das Schwarze Meer, hinter dem Suêskanal dagegen der Indische und weiterhin der Stille Ozean. Um só viel ist der Weg ins Rote Meer wichtiger, wie die Räume größer sind, in die er hineinführt. Es ist eigentlich selbstverständlich, was schon 1854 Lesseps zum Staunen der Diplomaten aussprach, daß die politische Bedeutung des Suêskanals die des Bosporus in den Schatten stellen werde, und nur erstaunlich, daß es nicht früher eingesehen wurde. Hatten es doch vor Jahrhunderten die Venezianer erkannt, die für die Beherrschung des Indienhandels ihre ganze Macht einsetzten.

Solche Tore können aber auch von außen her durch feindliche Mächte geschlossen, blockiert werden. Nicht nur schmale Eingänge sind durch flottenkräftige Gegner geschlossen worden, auch ein Meer wie die Nordsee kann in seinen Zugängen von einer Übermacht beherrscht werden. Deutschland ist eben darum von allen Großmächten einer Blockade seiner Häfen, die in der innersten Nord- und Ostsee liegen, am meisten ausgesetzt. Und nur eine Schlachtflotte, die die offene Nordsee hält und sie freihält, wird ihm die Zugänge zu seinem Hause sicherstellen.

Dem Sunde nahe verwandt ist der Isthmus. Wo zwei Meere einander am nächsten kommen, da überbrückt der Verkehr die isthmische Schranke und zieht einen kurzen

Landweg dem weiteren Seeweg vor. Lübecks lebhafter Landverkehr mit Hamburg, der im Mittelalter für die wertvollen Gegenstände des Handels den Weg von der Trave zur Elbe dem Weg um Jütland vorzog, erinnert an die Blüte der Isthmusstadt Korinth. Aber die größten Beispiele liefern natürlich der Indienhandel über die Landenge von Sues und im 19. Jahrhundert der Verkehr über Panama.

Die Küste.

Die Küste ist ein Saum zwischen dem Land und dem Meer, sie gehört beiden zugleich, sie vereinigt auch die Merkmale beider in sich. Jegliche Grenze bleibt bedingt von den Dingen, die sie trennt. So ist die Küste dem Lande und dem Meere gegenüber nur ein Übergang, eine Vermittelung, sie steht nicht für sich. Das muß die Geschichte und muß die politische Geographie beherzigen. Indem die Küste Länder und Meere, die größten und verschiedenartigsten Räume der Erde, voneinander trennt, wird sie zwar zur größten und natürlichsten Grenze der Erde; aber diese ihre natürliche Größe ist nun nicht ohne weiteres auf die geschichtlichen Wirkungen zu übertragen. Die Küste ist ein in sich höchst ungleiches Ding, aber ihre Besonderheiten verschwinden vor den ungeheuren Räumen vor und hinter ihr. Der Mensch tritt in Verbindung mit der Küste, ehe er von ihr aus den Schritt auf das Meer macht. Das kann an so beschränkten Stellen geschehen, daß die räumliche Ausdehnung der Küste gar nicht dabei in Betracht kommt. Eine auf den ersten

Blick bestechende Überschätzung der Küste ist von der Geographie selbst ausgegangen, die besonders durch das falsch ausgelegte Beispiel Griechenlands zu der Annahme verleitet wurde, als ob eine lange, reich gegliederte, halbinsel- und inselreiche Küste ihre Bewohner notwendig zu Beherrschern des Meeres mache. Man liebte diese Ansicht in dunkle Sprüche zu kleiden, weil es nicht möglich war, sie eingehend zu begründen. Aber die Tatsachen sehen ganz anders aus.

Keine Seemacht ist durch die Küste groß geworden. Da es in der Natur des Meeres liegt, in jedem Winkel und jeder Bucht dasselbe zu sein, und da das weite Weltmeer mit dem kleinsten seiner entlegensten Ausläufer zusammenhängt, braucht man vom Lande aus überhaupt immer nur einen Zugang, um auf dem Meere zu sein. In der Natur dieses einzigen Zuganges liegt es, ob einem Volke der Weg zur Seegeltung offen liegt oder nicht. Die Entwickelung einer Seemacht hängt manchmal vollständig von der intensiven Ausnutzung einer einzigen Küstenstelle ab. Die Macht von Venedig und Lübeck strahlte ebenso einzig aus einer engen Bucht über einen weiten Meeresraum aus, wie einst die Macht von Sidon oder Athen. Weniggegliederte Küstenstrecken sind zur Herrschaft über reichgegliederte emporgestiegen, kleine Küsten über große. Selbst Amerikas reichstgegliederte Nordost- und Nordwestküsten sind geschichtlich kaum wirksam geworden neben den einfach gestalteten Küsten südlich davon.

In zweiter Linie lehrt uns die Geschichte der Seevölker, daß für sie viel mehr abhängt von der Küste, die erreicht werden kann, als von der, wo der Ausgangspunkt liegt.

Die beiden gehören zusammen wie Ausgang und Ziel. Die Insel in Sicht des Hafens war das Ziel der ersten Seefahrt und die fremde Küste gegenüber der eigenen das Ziel der ersten überseeischen Fußfassung. Das zeigt die Geschichte des Seehandels und der Kolonien. Eine Küste zur Ausfahrt, eine Küste als Ziel und dazwischen ein Meeresabschnitt, das sind die drei Elemente bedeutsamster historischer Landschaften. Dietrich Schäfer nennt die Gegend von der Elbe und Trave bis zur Odermündung den klassischen Boden der Hansa. Der geschichtlichen Betrachtung erscheinen die Städte Lübeck, Rostock und Stralsund als die am engsten durch Interessengemeinschaft verbundenen Glieder des Bundes. Warum hat er gerade hier sich entwickelt und hier auch die Quelle immer neuer Belebung gefunden? Die gegenüberliegenden Küsten von Dänemark und Schonen gehören dazu. Die Bedeutung der Lage dieses Striches deutscher Küste liegt gerade darin, daß hier die größte Annäherung Deutschlands an Dänemark und Schweden erreicht wird. Die Schnelldampfer nach Gjedser, Kopenhagen, Malmö gehen auch heute von Lübeck, Warnemünde, Stralsund, Stettin die alten Wege, die einst die Koggen der Hansa im Frieden oder Krieg gefahren waren.

Endlich wollen wir auch der Erreichbarkeit der Küsten vom Lande her nicht vergessen. Der Elbverkehr ist für Hamburg fast ebenso wichtig wie der Nordseeverkehr. Obwohl seit dem Zollanschluß Hamburgs der Warenverkehr land- und flußwärts in seiner Gesamtheit nicht mehr genau zu ermitteln ist, so lehrt doch jedes Jahr die Statistik des Schiffverkehrs im Hamburger Hafen noch immer die hohe Bedeutung der Flußschiffahrt auf der oberen Elbe. Überhaupt ist an der maritimen Entwicklung des neuen Deutschen Reiches nicht das wichtig, daß es eine größere Küste hat, als je vorher von einer deutschen Macht beherrscht wurde, sondern, daß das ganze Reich wirtschaftlich aufs engste mit der Küste verbunden ist und politisch ganz dahintersteht.

Daraus geht auch hervor, daß die Küste keine Machtquelle ist, die mit der Größe gleichlaufend ergiebiger wird. Eine Küste mit schmalem Hinterland kann so schwierig zu verteidigen sein, daß der Schutz, den sie nötig hat, einen allzu großen Teil der Kräfte des Landes lahmlegt. So ist es in Italien, das mehr Küste hat, als es braucht, und vor allem zu viel Küste im Verhältnis zu seiner Größe, seinen Machtmitteln, seinen Häfen. Man übersieht oft diesen Posten in der politischen Bilanz der Staaten und setzt die Küstenlängen als reine Aktiva in die Rechnung. Um so weniger ist dies tunlich, als der Küstenschutz die Kräfte zersplittert und damit einer naturgemäßen Seestrategie entgegenwirkt, die viel mehr als die Landstrategie auf entscheidende Schläge mit zusammengefaßten Mitteln hingewiesen ist. Man übersehe nicht, daß eine Küstengrenze immer mehr Angriffen ausgesetzt sein wird als eine Landgrenze. An der Landgrenze bedroht uns in der Regel nur die Macht, die unmittelbar neben uns wohnt — an unsere Küste können die Mächte der ganzen Welt herankommen. In der Nordsee sind nicht bloß England, Holland, Norwegen; auch Rußland, die Vereinigten Staaten von Amerika, Japan können dort erscheinen.

Je mehr Zugänge eine Küste hat, um so mehr Angriffspunkte bietet sie auch einem Feinde, der nach Gelegenheiten zur Landung ausspäht. Von den zahlreichen Öffnungen der buchtenreichsten Küste Deutschlands, der schleswig-holsteinischen, über deren reiche Gliederung der philosophische Geograph in Entzücken gerät, umschließt die Kieler Bucht alles, was Deutschland für einen großen Kriegshafen an der Ostsee braucht. Die übrigen Buchten sind kein Plus in der Machtbilanz des Deutschen Reiches. Gerade die Förden der deutschen Ostseeküsten bieten, nach einer Bemerkung des Kap. z. S. Stenzel, die beste und günstigste Gelegenheit zum Ankern und zum Ausschiffen von Landungstruppen. Noch günstiger liegt der dem deutschen Gebiet so nahe Veile Fjord für eine solche Unternehmung, die Dänemark kaum zu hindern imstande wäre. Auch die Gefahren der Schiffahrt reich gegliederter Küsten sind zu beachten. Norwegens Küsten mit ihren zehntausend Inseln und zahllosen Fjorden sind sehr zugänglich, aber auch gefährlich. Die großen Verlustlisten der norwegischen Handelsflotte weisen es aus.

Über das Wesen der Seeherrschaft und der Seevölker.

So groß und einfach wie das Meer selbst, ist auch die Beherrschung des Meeres. Ihr Grundmotiv kann man in die Worte fassen: Das Meer ist nur der Weg. Das will besagen, daß das Meer den Verkehr erleidet, der über es hin seine Wege sucht. Es trägt ihn, aber es trägt nichts dazu bei. Das Meer ist der Weg: es ist passiv gegenüber den Ereignissen, die vom Lande her über es hinzucken. Es erleichtert den Verkehr, den Krieg, die Telegraphie, aber sie alle gehen zwischen zwei Landgebieten durch das Meer hindurch. Nur für die Fischerei und einige verhältnismäßig unbedeutende Industrien, wie Seesalzgewinnung und ähnliche, ist das Meer an sich ergiebig. Mit dieser Passivität des Meeres hängt eng das eigentliche Gesetz der Seeherrschaft zusammen, das im Seeverkehr wie im Seekrieg Geltung hat: Große Macht von kleinem Raum aus geübt mit weitreichendem, augenblicklichem Erfolg, abhängig von vereinzelten großen Entscheidungen.

Passiv gegenüber den Versuchen des Menschen, es wirtschaftlich und politisch zu beherrschen, gleichsam ein abstrakter Raum, übt das Meer höchst bedeutsame Wirkungen, wo es auf den Geist des Menschen trifft. Alle Kraft der Völker mißt sich im Ringen mit anderen Völkern und mit der Erde, das heißt: sie mißt sich am verwandten Leben oder an der fremden Natur. Darin liegt aber der große Unterschied zwischen diesen beiden Kämpfen, in denen sich die Erziehung der Völker vollendet, daß aus der Natur neue Kräfte in ein Volk übergehen, während im Ringen mit Völkern die Kraft eines Volkes in die Gegner übergeht. Das ist nun das Einzige und Hervorragendste der Seevölker, daß sie immer aus der größten Natur schöpfen. Der Kampf mit der Natur ist grundverschieden und hat grundverschiedene Ergebnisse auf dem Lande und auf dem Wasser. Das Land unterwirft sich der Ackerbauer endlich doch einmal. Selbst der Kampf mit dem Urwald schuf ein Feld, das mit geringer Mühe im Nutzen des Menschen erhalten werden konnte. Das Meer wird niemals gänzlich unterworfen. Der Kampf mit dem Meer ist ein Kampf mit einer weit stärkeren Naturgewalt als der Kampf mit dem Erdboden. Das Meer kann in seinem Verhältnis zum Menschen gar nicht mit dem Lande verglichen werden; es ist überhaupt die reinste Natur, mit der der Mensch in Berührung kommt.

Dem Menschen, dem jüngsten und reichstbegabten Geschöpf der Erde, ist die Aufgabe gestellt, die Harmonien der Schöpfung um die größte zu bereichern. Der Sinn der Worte: Sichanpassen, Sicheinleben, ist Harmonie des Geschöpfes mit der Mutter Erde. Ein eigentliches Sicheinleben in die Natur des Meeres gibt es nicht, aber es gibt ein Rückwirken der großen Eigenschaften des Meeres auf den Geist des Menschen.

Aus endlosen Horizonten wächst ein großer Zug von Kühnheit, Ausdauer und Fernblick in den Geist und Charakter der Seevölker hinein. Seevölker haben am wesentlichsten beigetragen zur Vergrößerung der politischen Maßstäbe. Die enge territoriale Politik ist ihrem Wesen nach kurzsichtig; das weite Meer erweitert den Blick nicht bloß des Kaufmanns, sondern auch des Staatsmannes. Nur das Meer kann wahre Weltmächte erziehen. Die weltgeschichtliche Größe Roms beginnt doch erst mit der Verwirklichung der Erkenntnis, daß eine große Macht auch Seemacht sein müsse, und das siegreiche Neue in Roms Entfaltung ist die Verbindung von Land- und Seemacht, die die maritimen Monopole der Punier und Griechen für immer zerbrach. Bei dem seemächtigen Athen ist immer mehr großgriechische Auffassung gewesen als bei dem beschränkten Sparta. Und ist es nicht der Odem des Meeres, der unsere Brust erweitert und unser Blut rascher fließen macht, wenn wir die Geschichte der Hansa aufschlagen? Sie berührt uns wie ein Strom frischer Luft, den man in die Staub- und Moderatmosphäre des siechen Reiches einläßt. Es ist derselbe Hauch, den noch in unserem Jahrhundert Völker empfanden, die ihre Einheitskämpfe mit dem Streben nach der Rückgewinnung verlorener Seegeltung anhuben. Man spricht vom völkerverbindenden Meer; hier wirkt es volksverbindend.

Es kommt dazu, daß die Seeherrschaft immer einen viel weiteren Kreis unmittelbarer Teilnehmer und Interessenten hat als eine Landherrschaft. An der Schaffung und Erhaltung einer Seeherrschaft ist ein großer Teil eines Volkes beteiligt. Schon darin zeigt es sich, daß die seeherrschenden Städte des Nordens und des Mittelmeeres ihre Schiffe mit ihren eigenen Schiffern bemannen und von seegewohnten Ratsherren führen lassen konnten. Ihre Seekriege waren Volkskriege. Im Gegensatz dazu nie endende Schwierigkeiten mit den geworbenen Landtruppen. Von dem vielleicht nicht allzu fernen Augenblick an, wo Großbritannien die Überzahl seiner komplizierten „Dreadnoughts" nicht mehr mit Söhnen des eigenen Landes zu bemannen und zu lenken imstande sein wird, sondern geschulte Fremde in Sold nehmen muß, wird das »Rule Britannia« anfangen, von dem Schrecken seiner weltmeerbeherrschenden Drohung das Wesentlichste einzubüßen.

Die Seeherrschaft kann nicht bloß das Werk eines einzelnen und auch nicht einer Armee sein. Zahlreiche Kühne, Unternehmende, Weltkundige, Verschlagene helfen dazu. Sie bringt viel mehr geistige Kräfte ins Spiel als die Beherrschung großer Länder. Dadurch wird die Seebeherrschung die beste Schule großer, viele Kräfte weckender, schulender, verbrauchender Völker. Welchen Vorsprung gab den italienischen Seestädten in der Zeit der Kreuzzüge ihre See- und Weltkunde! Der in Tätigkeit gesetzte Geist schweift dann auch auf andere Gebiete über, so wie man von den Eleaten gesagt hat, daß dieselbe Kühnheit, die sie in die inselarme Westsee führte, auch auf den Ozean des reinen Denkens sie habe hinaussteuern lassen. Gelingt das Werk, dann fällt von den reichlich zufließenden Schätzen auch der Wissenschaft und der Kunst ihr Anteil zu. Die Blüte Athens in Kunst, Wissenschaft, Handel und Politik ist zwar nie wiedergekehrt. Aber die Stelle Venedigs, der Niederlande und Englands im geistigen Leben ist durch eine ähnliche Verbindung erhöht. Venedigs künstlerische Entwickelung, seine Stellung in der Wiedergeburt der Wissenschaft, seine schriftstellernden Staatsmänner und beispiellos kundigen Gesandten gehören wesentlich mit zu dem Bild des Hochstandes seiner See- und Handelsmacht. Und dabei sendet die geistige Blüte der großen Seehandelsstädte den Hauch ihrer neuen Ideen und Schöpfungen immer rasch und weit über den weiten Kreis aus, den ihr Schiffs- und Warenverkehr durchmißt.

So mildert ein großer Zug die Härte der kleinen Erwägungen, die vor allem von dem keiner Seemacht fehlenden Handelselement herstammt. Die beiden gehen aber nebeneinander. Und daher die schwerverständliche Doppelnatur der Seevölker, in der der höchste nationale Egoismus mit dem weitesten Kosmopolitismus, die kleinlichste Gewinnsucht mit dem weitesten Verständnis der Interessen der Allgemeinheit gepaart ist. Das Meer grenzt als ein Gebiet internationaler Politik hart an die national sich in sich abschließenden Länder. Es zieht sich zwischen sie hinein, trennt die nationalen Gebiete voneinander und trägt sogar den internationalen Charakter auf kleinere Landstrecken und Landengen über.

Es braucht aber dabei gar nichts kosmopolitisch Unklares zu sein. Denn indem das Meer der Vertretung der eignen Interessen einen weiteren Raum bietet, kann es ihr Verständnis im Gegenteil nur noch verschärfen, wie alle Handels- und Seemächte zeigen. Wesentlich trägt dazu bei, daß die politische Expansion auf dem Meere auch immer eine wirtschaftliche ist, daß die Beherrschung des Meeres von der Beherrschung des Seehandels ausgeht oder sie zu erringen sucht. Ist es eine dem gesteigerten politischen Raumsinn nahe verwandte, teilweise mit ihm zusammenfallende Gabe des weiten Blicks, der großen Auffassung, die die Seeherrschaft entwickelt, so liegt doch nicht darin allein die große politische Kraft, sondern gerade in der Verbindung mit der deutlichsten Erkenntnis der eigenen Interessen. Beide zusammen bilden ein schwerverständliches Ganze, in dem bald die eine, bald die andere Seite nur schillernd uns zugewendet ist und selten ganz deutlich erkannt wird.

Ein merkwürdiges Beispiel dieser Doppelnatur der Seemacht bietet uns die Beurteilung Englands im Kampf mit Napoleon. Nach der Lesung der Scottschen Geschichte Napoleon Bonapartes bezeichnete Goethe als einen besonders beachtenswerten Gewinn, den er aus dem Buche gezogen habe, die Erkenntnis, daß England nie für andere als englische Interessen eingetreten sei. Wer durchschaute damals so die englische Politik in den Kämpfen mit der französischen Republik und Napoleon? Die meisten sahen in England nur die Vorkämpferin der Unabhängigkeit Europas. Half es nicht, indem es die aufkeimende Seemacht Frankreich und die Reste der Flotten Italiens, Spaniens, Dänemarks, Hollands zerstörte, dem übrigen Europa seine Ketten abschütteln? Zugleich trugen seine Kämpfe den großen ozeanischen Zug, der in allen Meeren und Erdteilen dem Gegner entgegentrat und gleichsam den Erdball gegen ihn verteidigte.

Der Seeverkehr und die Seemacht.

Das bekannte Wort „die Flagge folgt dem Handel" bezeichnet nur einen Fall des großen geschichtlichen Gesetzes, daß die Ausbreitung des Verkehres früher ist als die Ausbreitung des Staates. Das gilt vom Landhandel so gut wie vom Seehandel. Dem Landhandel folgend, erweitert der Staat seine Grenzen; der Seehandel führt den Staat aufs Meer und zwingt ihn, Seemacht zu werden. Dabei ist aber zwischen der staatenbildenden Wirkung des Verkehres auf dem Lande und auf dem Meere ein großer Unterschied. Aus dem Zollverein konnte ein Deutsches Reich entstehen, aber der Zollverein führte keine Kriege, eroberte keine Länder und gründete nicht einmal, trotz einer gewaltigen Auswanderung, Kolonien. Das heißt: die Gemeinsamkeit der wirtschaftlichen Interessen eines geschlossenen Gebietes konnte auf die Schöpfung einer gemeinsamen politischen Form für die Bewohner dieses Gebietes hinwirken, um so mehr, als auch das nationale Gemeingefühl in großer Kraft vorhanden war. Aber diese Gemeinsamkeit vermochte nicht, über die Grenzen des Zollvereins hinaus wirksam zu werden. Das erinnert an die Schranken der staatenbildenden Kraft des Landhandels im Gegensatz zum Seehandel. Der Landhandel muß seine Wege über politisch besetzte Gebiete suchen, muß sich zwischen fremden Mächten und Ansprüchen durchwinden, kann nicht hoffen, seine Wege selbst zu erkämpfen und zu besitzen. Er muß verhandeln, Vergünstigungen erkaufen, Tribute entrichten. In vielen Fällen verzichtet er überhaupt darauf, weite Strecken unmittelbar zurückzulegen, sondern bedient sich dazwischenwohnender Vermittler von der Art der Sabäer, der Araber, der Armenier, die jeweils eine große Rolle im Indienhandel Westasiens gespielt haben.

Wie anders ist die Schule des Seehandels! Das Meer ist eine Quelle politischer Kraft für jedes Volk, das sich ihm anvertraut. Auch der Seehandel ist nicht in demselben Sinne nur eine Quelle von Reichtum wie der Landhandel, sondern er entwickelt zugleich die Kraft des Handelsvolkes, indem er es zu immer neuen Anstrengungen zu Schutz und Ausgreifen anregt. Je größer die Entfernungen des Handels und je entfernter seine Ziele, um so selbständiger ist sein Auftreten, um so mehr wirkt er als Machtquelle. Der Handel zur See tritt seiner Aufgabe von Anfang an entschlossener und selbständiger gegenüber. Er folgt nicht der Flagge und die Flagge folgte nicht ihm, er geht *mit* der Flagge. Das erste Seehandelsschiff muß schon bewaffnet gewesen sein. Kühn vertraut sich der Seefahrer dem weiten, herrenlosen Meere an, wo es keine Grenzen und Zölle, aber auch keinen Schutz gibt, und mit derselben Kühnheit naht er sich der fremden Küste, wo er auf seine Unerschrockenheit und seine Waffen angewiesen ist. Die uralte Verbindung von Seehandel und Seeraub ist tief begründet; es ist nur eine weitere Entwicklung davon, wenn der Seeverkehr fast immer der Führer zu politischer Festsetzung und Ausbreitung gewesen ist. Der in unserem Zeitalter vereinzelte Fall, daß Kriegsschiffe die Tore der Handelshäfen aufsprengen, wie 1854 und 1864 in Japan, war einst häufiger. Sogar die Einziehung überseeischer Ausstände mit Hilfe von Kriegsschiffen kommt immer noch vor, so Ende 1908 gegenüber Venezuela durch die Niederlande.

Nichts zeigt besser die enge Verbindung von Macht und Reichtum, aber auch den Vorzug der Macht vor dem Reichtum als das Verhältnis der Völker zum Meer. Die Seemacht schützt die wirtschaftliche Tätigkeit der Bürger, besonders ihren Handel, erweitert ihre Gebiete, stärkt ihren Unternehmungsgeist und ihre Sicherheit. Gerade hier sind nur die Reichtumsquellen dauernd, die auch zugleich Machtquellen sind. Und darum ist das weltgeschichtliche Verhängnis der Seemächte von Sidons Zeiten an, daß sie die Machtquellen vernachlässigen, um allein die Reichtumsquellen zu pflegen. Endlich kommen Zeiten, wo man einen Machtanspruch als Störung des Erwerbes empfindet, wo der Seehandel die ihm eigene Kühnheit verleugnet und den Schutz im Sichanschmiegen sucht. „Reich, aber vaterlandslos" wird dann das Motto, wie bei dem Neuerblühen des Hansastädtehandels im achzehnten Jahrhundert. Man kann sagen, daß schon vor dem 16. Jahrhundert die

Stellung der Hansa im Verkehr zu groß geworden war für ihre Macht; von diesem Jahrhundert an ist das Mißverhältnis des wirtschaftlichen Wollens und des politisch-militärischen Könnens der Grundzug ihrer Geschichte. Selbst bei starker Auswanderung und blühender Kolonisation entscheiden aber zuletzt die Machtfragen. Es gehört zu den beherzigenswertesten Erfahrungen des neunzehnten Jahrhunderts, daß nicht die Millionen von deutschen Einwanderern in den Vereinigten Staaten von Amerika, nicht die Million Italiener, die 1891—96 in Argentinien einwanderten, Macht sind, sondern die Möglichkeit, mit Machtmitteln über das Meer hin bis an die Küsten wirksam und zur Not gefürchtet zu sein, wo Volksgenossen sich angesiedelt haben.

Die Erfindung der Schiffahrt.

Zur Seebeherrschung gehört die Kunst und Wissenschaft, die das Floß, den Kahn, das stählerne Panzerschiff von 20000 Tonnen baut und bewegt. Mit der Erfindung des Schiffes haben die Ahnen der heutigen Menschheit ein insular zersplittertes Dasein aufgegeben. Erst die Überbrückung der Meere hat eine Menschheit möglich gemacht. Zugleich ist damit eins der wichtigsten Werkzeuge politischer Herrschaft und Macht geschaffen worden, dessen Verbesserung das Tempo der geschichtlichen Bewegungen und damit auch den Fortschritt der politischen Machtentfaltung und -erweiterung immer mehr beschleunigt hat. Der Besitz der besten und zahlreichsten Schiffe, der kühnsten und kundigsten Schiffer allein hat von phönizischen Zeiten her Mächten eine politische Überlegenheit verschafft, die in ihrem Ländergebiet allein nicht begründet war. Um Flotten zu erwerben, zu erhalten und zu leiten, braucht es großer Mittel und einen hohen Stand der gewerblichen Tätigkeit, auch Wissenschaft. Daher hat es in allen Zeitaltern keine Seeherrschaft gegeben, die nicht mit einem hohen Stand der allgemeinen Kultur verbunden war.

Es liegt auch in der Natur der Flotte, die eine höchst kunstreiche und schwer zu lenkende Waffe ist, daß sie lange Übung erfordert; die Fälle, wo improvisierte Flotten große Erfolge gehabt haben, sind selten. Und da so viele Umstände zusammenkommen müssen, um die Rohstoffe, Häfen und Menschen dazu zu vereinigen, ist es fast immer auch eine höchst ungleiche Waffe gewesen und wird es bis zu einem gewissen Grade bleiben. Es hat immer Völker gegeben, die das Größte in der Schiffahrt leisteten, was ihrer Zeit möglich war, und hart daneben andere, die das feste Land niemals verlassen hatten. Gerade so hat es bis in unser Jahrhundert hinein Mächte gegeben, die die See beherrschten, und reine Landmächte, die die Seeherrschaft anderen überließen. Die natürliche Anlage der Völker hat damit nichts zu tun. Die Völkerkunde kennt kein Volk von amphibischer Anlage; sie zeigt uns aber allerdings auf den Höhepunkten der primitiven Schiffahrt nur die bestbegabten und ethnographisch reichsten Völker der gelben und braunen Rasse: Eskimo und Malaio-Polynesier, während ganze große Gruppen, wie die Neger aller Schattierungen, die Australier, Tasmanier und fast alle Amerikaner sich mit ganz ursprünglichen Werkzeugen der Schiffahrt begnügt haben. Weder die Rasse noch die

Natur der Wohnsitze erklärt diese spärliche und scheinbar ganz zufällige Verteilung der höheren Entwickelung des Schiffsbaues und der Schiffahrtskunde; das sind Künste und Fertigkeiten, deren Keime in den allerverschiedensten Völkern liegen, aber nur bei einzelnen sich reich haben entfalten können. Diese Völker aber haben sie dann den Nachbarn mitgeteilt, und diese haben sie weiter verbreitet. Die neuen Erfindungen, wie das Segel oder der Ausleger oder, auf einer höheren Stufe, der Kompaß, sind auf manchem Boden nicht aufgegangen; auf beschränkten Stellen nur sind sie aufgenommen und weitergebildet worden. Als die Europäer den Stillen Ozean entdeckten, waren nur die Bewohner seines inselreichen Südwestens und eines kurzen Küstenstriches von Nordwestamerika echte Seevölker. Und als man den Atlantischen Ozean kreuzte, fand man auf der ganzen Ostküste Amerikas, südlich von Grönland, keine hohe Ausbildung der Seeschiffahrt.

Die Völkerkunde hat nichts Bestimmtes über die erste Erfindung der Schiffahrt auszusagen. Das ist ein Ereignis, das offenbar viel zu weit zurückliegt, als daß man es mit einem der Völker, die heute leben, in Verbindung bringen könnte, und das auch viel zu groß ist, als daß ein einziges Volk sein Träger sein konnte. Ganz unbegründet sind sicherlich die Behauptungen von einer Erfindung der Schiffahrt im Mittelmeer unter dem begünstigenden Einfluß der vorzüglichen Küstengliederung und Inselentwickelung. Die Phönizier, die in der Geschichte als die ersten weitfahrenden Schiffer des Mittelmeeres genannt werden, sind wohl bald nach 3000 v. Chr. von den Gestaden des Indischen Ozeans gekommen. Und im ersten vorchristlichen Jahrtausend, da die phönizischen Seehandelsstädte am syrischen Gestade blühten, durchfurchten schon die Nordsee Schiffe, die irisches Gold nach Skandinavien brachten. Vielleicht gelingt es eines Tages der vergleichenden Ethnographie, verschiedene selbständige Entwickelungen der Schiffahrtskunst nachzuweisen. Einstweilen kann sie nur von der Verteilung eines in unbekannter Vergangenheit gesammelten Schatzes nautischer Kenntnisse unter eine geringe Anzahl von Völkern sprechen, die langsam angewachsen ist.

Seevölker und Wanderungen.

Die Seeschiffahrt ist stets nur das Erbteil von wenigen gewesen. Ein kleines Volk lehrte sie ein anderes kleines Volk, es gab in weiten Bezirken immer nur ein seetüchtiges Volk oder einige wenige. Diese aber wurden durch eine gewaltige Ausbreitungsmöglichkeit belohnt, wenn sie einmal die Schwelle zum Meere überschritten hatten, und sie ragen in der Geschichte wie Bäume über den zahlreicheren, aber einförmigen und an den Boden gebundenen Ackerbauern. Daß sie an Zahl weit hinter den Landvölkern zurückstehen, rechtfertigt es nicht, daß die Ethnographie die Völker in Jäger, Ackerbauer und Nomaden teilt und die Seevölker vergißt. Allerdings fußen diese irgendwo auf dem festen Boden eines Landes oder einer Insel; sie sind aber nicht abhängig von dem Boden, der sie nährt. Der Ackerbau wächst wie eine genügsame Pflanze, die tief am Boden bleibt, über die Länder hin; Spanne für Spanne rückt er vor und gewinnt sich allmählich fast allen Boden, der überhaupt anbaufähig ist. Die Seevölker dagegen verbreiten sich sprungweise von Insel zu Insel, von einem Küstenstrich zum andern und nützen nur den besten Boden. Wie ergiebig an Nahrung auch ihre Wohnplätze sein mögen, diese Wohnplätze sind von Natur eng, denn sie müssen mit dem Meere sich berühren. Daher Übervölkerung und Auswanderung, nach wenigen Generationen immer wiederkehrend, Verschlagung auf ferne Inseln, die für das Einwurzeln eines Volkes zu klein sind, Verdrängung aus Küstenstrichen durch Binnenbewohner, die in erdrückenden Massen herandringen, kurz eine bewegte, au Wechselfällen reiche Geschichte. Es ist etwas von der Natur des Meeres in der Geschichte dieser Völker, die kein selbständiges und bodenständiges Leben für sich haben, an dem sie ruhig fortbauen, sondern vergängliche Beherrscher und Vermittler entlegener Völker und Kulturen sind.

Darin, daß diese Stellung zeitweilig sehr bedeutend, aber doch nie selbständig bedeutend ist, liegt es, daß die Seevölker bald überschätzt, bald unterschätzt werden. Besonders für die Vorgeschichte Europas ist es eine Hauptaufgabe, die Bedeutung des Meeres zu würdigen. Ohne sie kein Verständnis. Wem wäre nicht die Einseitigkeit aufgefallen, mit der die arischen Völker Europas durch Landwanderungen aus Asien oder Nordeuropa abgeleitet zu werden pflegen? Und doch wurde die Seeschiffahrt im Mittelmeer geübt und hat zur Ausbreitung der Mittelmeervölker beigetragen, lange, ehe die Arier dort eintrafen. Illyrische Wanderungen von Dalmatien nach Unteritalien, ligurische von der ligurischen Küste bis Sizilien, samnitische aus der Gegend Neapels nach Sizilien bezeugen eine rege Seeschiffahrt in vorarischer Zeit. Eine kleinasiatische Abstammung der mit den Lydern verwandten Etrusker setzt Seeschiffahrt voraus. Im Westen waren die Ligurer nicht bloß Seefahrer, sondern gefürchtete Seeräuber: die Seeherrschaft Genuas ist eine alte Sache, gerade wie die nautische Begünstigung der dalmatischen oder ägäischen Inselküste. Nicht erst die Römer haben unter den Kelten vorzügliche Seefahrer gefunden. Keltische Wanderungen aus Britannien nach Gallien, aus Gallien an die Westseite Iberiens, die Gotensage von der Einwanderung aus Skandinavien nach der südlichen Ostseeküste: alles weist auf frühentwickelte Seeschiffahrt in einem großen Teil von Alteuropa hin. Einen ausgebreiteten Seeverkehr in neolithischer Zeit beweist das Vorkommen der megalithischen Denkmäler, besonders der Dolmen und Menhirs oder Steinpfeiler in küstennahen Gegenden von Nordeuropa bis zum Mittelländischen Meere. Wie in Korsika die Lage der Dolmen in großer Nähe der Küsten so auffällt, daß der erste Gedanke ist, Seefahrer hätten diese Wohnstätten der Toten mit dem Blick aufs Meer errichtet, so liegen sie in Schweden vorzugsweise in der Nähe des Seestrandes oder an den Ufern der großen Seen oder der Flüsse. In Dänemark fehlen sie dem Binnenlande. In Tunesien, wo sie sehr häufig sind, bilden sie einen breiten Gürtel südlich von Tunis. In Deutschland sind sie im Nordwesten, in den Niederlanden in Drenthe verbreitet, Frankreich hat sie in der Bretagne, England im Westen, Portugal ist besonders reich daran, Italien hat eine Reihe Dolmen in dem Gebiet von Otranto. Um die Verbreitung noch merkwürdiger zu machen, sind sie selbst in kleinen Gebieten eigentümlich beschränkt, so in Korsika auf die Westseite, ebenso auf der Jütischen Halbinsel, in den Niederlanden. Übrigens ist die allgemeine Frage berechtigt, ob nicht in der Monotonie der mitteleuropäischen neolithischen Funde im Gegensatz zum nordischen Formenreichtum schon ein Hinweis auf ausgedehnteren ozeanischen Verkehr des Nordens liege? Die Reichtümer von Troja und Mykenä kommen in großer Nähe des Meeres vor; das Meer hat sicherlich zu ihrer Anhäufung beigetragen. Ähnliches läßt sich auch vom hohen Norden mit seinen Bronzeschätzen behaupten. Schweden stand allerdings mit dem kupferreichen Donauland in unmittelbarer Verbindung. Die Wege führten großenteils über Deutschland und Dänemark; auch östlichere Verbindungen don- oder weichselabwärts sind nicht ausgeschlossen. Wo aber Schiffe nach Zinn fuhren und wohin ein Pytheas gelangte, da konnte Seeverkehr nicht fehlen. Wir sind also entschieden der Meinung, daß das Meer in den Völkerwanderungsfragen nicht so ganz übersehen werden dürfe.

Und doch müssen wir dann wieder den Grundunterschied zwischen Wanderungen zur See und zu Lande zugeben. Wie groß auch die kulturliche Bedeutung besonders des Mittelmeeres für das vorgeschichtliche Europa ist — für die Besiedelung Europas und für die Völkerverschiebungen, die die heutige Bevölkerung Europas geschaffen haben, kommen doch mehr die Landwege in Betracht. Sie allein ermöglichen langsames Zuwandern und Vordringen mit Vieh und Habe. Auch für die Vorgeschichte gilt der Satz, daß nur die in den Boden sich einwurzelnde Landnahme Dauer hat. Die mittelmeerischen Wege bringen, was der Handel in Bewegung setzen kann: Waffen, Geräte und Schmuck. Die großen, langsamen und durchdringenden Bewegungen der Menschen aber mit Hab und Gut machen an den Schranken des Mittelmeeres halt. Der Landverkehr überwog an Ausdehnung und geschichtlicher Bedeutung in Europa, wie er in Asien und Afrika ursprünglich überwogen hat. Selbst der Verkehr der Mittelmeerländer mit Indien und Ostasien hat zum Schiffe nur streckenweis gegriffen. Seeverkehr als ununterbrochene Regel ist eine verhältnismäßig neue Erscheinung.

Die geschichtliche Bedeutung der Seevölker.

Das Meer, das trennt und verbindet, wird eben dadurch zum Träger des Fortschritts in der Geschichte. Einförmigkeit ist Stillstand, nur im Unterschied liegt Bewegung. Leben ist auf allen Stufen Auflösung von Gegensätzen. Zum Leben gehört ebenso notwendig, daß Unterschiede sich bilden, als daß Unterschiede sich ausgleichen. Sie müssen sich auseinanderlegen können, um sich zu sondern, und sie müssen wieder aufeinandertreffen können, um aufeinanderzuwirken. Was könnte diesem Zweck besser dienen als das Meer? Sind nicht die inselreichen Meere die an belebenden Völkerverschiedenheiten reichsten? Nicht, daß ein einzelnes Volk auf günstig gegliedertem Küstensaum sich über andere erhebt, ist das Geheimnis der hohen Kulturentwickelung im Mittelmeergebiet, sondern daß das Mittelmeer die Völker genug trennte, um sie ihr Eigenstes ungestört entfalten zu lassen, und dann doch wieder auf höherer Stufe zu befruchtender Wechselwirkung zusammenführte. Amerikas Verhältnis zu Europa, eine der großen Tatsachen in der Geschichte der Menschheit, ruht ganz auf derselben geschichtlichen Wirkung der Trennung und Verbindung durch den Atlantischen Ozean. Inselarm, stürmisch, von Winden und Strömungen durchfurcht, die vorwiegend ostwärts gerichtet sind, lud der Atlantische Ozean die Europäer nicht zu früher Ausbreitung ein. Die Geschichte der östlichen Erdteile bewegte sich Jahrtausende am Rande des Atlantischen Ozeans hin, kreuzte ihn aber nicht. So blieb ein dieser Welt gegenüber jungfräulicher Erdteil aus dem Spiel. Die Atlantiker Europas betraten endlich die östlichen Gestade der Neuen Welt im Zustande hoher geschichtlicher Reife und verbreiteten ihre überlegenen Staatenbildungen mit außerordentlicher Schnelligkeit bis zum Stillen Ozean. Auch jetzt wieder war die isolierende Wirkung des Atlantischen Ozeans für die jungen Staaten vom größten Wert. „Durch den Ozean nicht nur von dem Mutterlande, sondern von der ganzen alten Kulturwelt getrennt und auf einen Kontinent mit noch ungemessenen Grenzen gestellt, den die Natur in jeder Beziehung auf das verschwenderischste ausgestattet hatte, mußte ihnen der Gedanke frühe nahetreten, daß sie berufen seien, hier in der Tat eine „Neue Welt" zu schaffen". (H. E. von Holst, 1873). Die politische Selbständigkeit, durch die die jungen Vereinigten Staaten anderthalb Jahrhunderte nach ihrer Gründung die Welt in Erstaunen setzten, ist mit die Folge ihrer transatlantisch geschützten Entwickelung.

Es fehlt nicht an Völkern, die abgewandt vom Meere gelebt, Kulturen geschaffen und Staaten aufgebaut haben. Die Geschichte Ägyptens oder Chinas ist sicherlich in keiner Weise unrühmlich, aber ihrem einförmigen Verlauf fehlen die belebenden Gegensätze, und er kommt früh ins Stocken. Nur Halbkulturen, das heißt Kulturen, die nicht fertig geworden sind, haben sich in solch binnenländischer Abgeschlossenheit entwickelt. Das diesen Kulturen sich entgegensetzende, sie aufrüttelnde Element konnten nur die Hirtenvölker sein, und diese leben außerhalb der Kulturgrenzen, sind kulturfeindlich. Sie haben die Kulturträger zu festeren Staatengebilden zusammengeschmiedet, darin allein bestand ihr Beitrag zum geschichtlichen Fortschritt, und das ist immer nur ein Beitrag von geringer Dauer gewesen. Zur See dagegen wanderten die ägyptischen Kulturkeime auf den günstigeren Boden Griechenlands aus, und zur See sind die Anstöße gekommen, die Leben in Chinas Halbkultur bringen.

Aus einem erdumfassenden Gesichtspunkt betrachtet, hat die Geschichte eines jeden Volkes Ergebnisse für dieses Volk und Ergebnisse für andere Völker gehabt. Es gibt aber Völker, die fast nur eine innere Geschichte gehabt haben, und es gibt Völker, die aufgegangen sind in der Wirkung auf andere. Demgemäß gibt es große Völker, die man ohne Verlust an Einsicht aus der Weltgeschichte streichen kann, weil sie sich gleichsam in sich selbst aufgezehrt haben, und andere Völker, die klein und für das Verständnis der Geschichte unentbehrlich sind. Das Wachstum der Kultur beruht auf einem Weitergeben der Arbeit von einem Volk an ein anderes, auf einer Verpflanzung von einem Boden auf einen anderen. Der geschichtliche Wert eines Volkes liegt daher zu einem großen Teil in dem, was es andern zu geben imstande ist. Die Völker erschöpfen sich endlich, wie sich der Ackerboden erschöpft. Wenn man in den letzten Jahren Völker zu Seegeltung und Kolonialpolitik hat übergehen sehen, die früher nicht über die Grenzen eines Teiles von Europa hinausgesehen haben, so war unter manchen Motiven in ihnen das dunkle Gefühl mit wirksam, auf größerem Schauplatz, an größeren Aufgaben größeren geschichtlichen Wert und gleichsam neue Jugend, neue Fruchtbarkeit gewinnen zu müssen und zu wollen.

Die reine Seemacht.

Wenn die Seemacht verkennt, daß das Meer nur Weg und nicht Machtquelle ist, so gewinnt das Meer sich die Macht zu eigen, die das Meer unterwerfen wollte. Je entschiedener ein Volk das Meer beherrscht, desto fester hält das Meer dieses Volk. Schon unter den Naturvölkern gibt es einige, deren ganze Existenz sich auf schwankender Welle wiegt, wie die Polynesier und manche Eskimo. Das sind immer ungemein weitverbreitete, aber zersplitterte Völker. Selbst ihre entlegensten Glieder sind einander ähnlich in Meeresbefreundung. Gleich auf dieser Stufe zeigt das Meer, daß es zwar unter allen Naturmächten, mit denen der Mensch den Kampf aufnimmt, die freigebigste ist, die — bewältigt — die reichsten Früchte bietet, aber auch die stärkste. Es ist dasselbe, wie wenn auf höheren Stufen sich kleine Gebiete aus engen Mittelpunkten heraus, die günstig gelegen sind, Machtsphären erobern, in denen sie verschwinden; da ruhen die Grundlagen ihrer Größe nicht mehr im Boden, sondern schwimmen auf dem Meer. Ein Sturm, der eine Armada zerstreut, erschüttert diese Grundlagen bis zum jähen Zusammensturz; hie Athen, dort Spanien. Die Leichtigkeit, womit politischer Einfluß und Besitz in entlegenen Ländern erworben und ohne großen Machtaufwand behauptet werden kann, hat die mit dem Meere sich verbündenden Mächte immer zu raschen Erfolgen geführt. Es war immer derselbe Vorgang. Die sichere Lage am Meere entwickelt früh geschlossene Gebiete und schafft auch die Möglichkeit, politische Macht unter Vernachlässigung weiter Landgebiete zu erwerben; Küsten- und Inselstaaten halten den Landbesitz für Ballast. Die Hansa, die Niederlande bieten naheliegende Beispiele. Die Landmacht wächst langsam heran. Die Seemacht dagegen unterwirft sich halbe Weltteile, ehe die Landmacht ihre Hand auch nur nach einer Grenzprovinz ausgestreckt hat. Das Sprunghafte, Überraschende in der Entwickelung der Seemächte zeigt sich in dem raschen Fortschritt der kaum in die Westsee gelangten Griechen zur Gründung von Niederlassungen an der Küste Iberiens gerade so wie in der fast rätselhaften Verbreitung der Engländer in dem Jahrhundert von 1550 bis 1650 an allen Küsten der Erde. Solche Erfolge täuschen über die Unfähigkeit des Meeres, dauernd eine große Macht allein zu tragen, und führen zu der gefährlichen Verlegung des Schwerpunktes in das Meer.

Venedig bietet uns das letzte Beispiel einer großen Seemacht, die den Landbesitz systematisch auf das Notwendigste beschränkte. Bei der Teilung des oströmischen Reiches Epirus und Anatolien verschmähend, mit Durazzo und einigen ägäischen Inseln sich begnügend, deren direkte Beherrschung es gern befreundeten Geschlechtern überließ, Ragusa in halber Selbständigkeit bestehen lassend, alle Landmacht verschmähend, die der thalassischen Staatskunst Scheinmacht dünkte, um sich dafür in Inseln, Landungsplätzen, Handels- und Schiffahrtsvorrechten unscheinbare, aber dauerhafte, weil mit Schiffen zu verteidigende Vorteile zu sichern, konnte es sich doch mit Recht La Dominante nennen lassen. Der Einfluß fiel ihm auch da zu, wo es ihn nicht suchte, wie beim vierten Kreuzzug, den es im Oktober 1202 mit 60 Galeeren, 60 großen Rundschiffen, 100 Transportschiffen für Pferde und einer Unmenge begleitender Lastfahrzeuge glanzvoll eröffnete; er lag auch später gegenüber „Großmächten", die nur am Lande stark waren, in den 36000 Seeleuten und 3300 Fahrzeugen, über die Venedig in seiner guten Zeit verfügte. Er lag außerdem darin, daß diese Macht mit dem ganzen Volk so ganz organisch in langsamer Umfassung immer größerer Vorteile heran- und zusammengewachsen war, wie es eben eine Seemacht braucht. Vom Fischfang, von der Salzbereitung und vom Sklavenhandel ging sie aus; dazu erleichterte der Holzreichtum benachbarter Küsten den Schiffsbau. Und dann kamen wie von selbst der Handel, der immer mehr Gegenstände in seinen Bereich zog, der Reichtum, die Länder- und Völkerkenntnis, die überlegene Staatskunst, kurz die ganze „Schule des Meeres".

Dieselbe Seite der Seebeherrschung bildete deutlich schon das Athen des fünften Jahrhunderts aus. Der

Kriegsplan des Perikles zeigt uns die volle Erkenntnis der natürlichen Stärke einer Seemacht. Er geht von dem Gedanken aus: Indem Athen auf dem Meere stark ist, beherrscht es das Land. Langwierige Landkriege werden vermieden, der Erfolg vielmehr in der raschen Besetzung wichtiger Küstenplätze gesucht und in der Fähigkeit, vom wohlbefestigten Mittelpunkt aus an jedem Orte womöglich überraschend stark zu erscheinen. Auch das war lange bekannt, daß die größte Gefahr für die Seemacht in der Abschneidung ihrer auswärtigen Verbindungen liegt; denn je größer durch die wirtschaftliche Tätigkeit auf engem Raum die Ansammlung von Menschen und Besitz wird, um so abhängiger wird der Mittelpunkt von der Außenwelt. Wie zu den getreidebedürftigen Industriestaaten Europas sich Südrußland, Nordamerika, Argentinien, Indien verhalten, so standen zu den griechischen Städten und Landschaften die kornzuführenden Länder am Pontus, in Italien und Sizilien. In der Erkenntnis dieser Abhängigkeit sorgten die Athener ängstlich, daß unentbehrliche Dinge, wie Getreide, Holz, Pech und Flachs, nicht ausgeführt wurden. Der ungehinderte Seeverkehr wurde immer deutlicher als eine Bedingung der Machtstellung, des Wohlstandes und der Ruhe der Stadt erkannt. Erst dann kam die natürliche Schwäche einer reinen Seemacht zum Bewußtsein, als sich Philipps Politik enthüllte, die Stadt mit einem Netze von Angriffspunkten auf den Wegen ihrer wichtigsten Seeverbindungen zu umgeben. Da ergab sich für einen Isokrates die Folgerung, daß Athen nur noch Friedenspolitik treiben könne.

Solche Seemächte sind insofern Doppelwohner im

größten Stil, als sie auf dem feuchten Element sich ebenso heimisch machen wie auf dem trockenen und die Vorteile der festen und schwimmenden Wohnsitze zu verbinden suchen. Aber doch ist ihnen, wie jeder Seemacht gegenüber die Frage geboten: Wieviel ist das Land in dir, wieviel das Meer? Inwieweit bist du auch Landmacht?

Behalten oder gewinnen die nur auf Ausbreitung an Küsten gerichteten Bestrebungen den Vorrang, dann ist der Eintagscharakter der Seemacht besiegelt. Es ist überall der Fall, wo der rasch eingeheimste Handelsgewinn höher gestellt wird als der langsamer zu eigen gemachte nachhaltige Besitz am Lande. Die Phönizier, die nur Handelsmacht gewesen waren, verschwanden einfach unter dem Wettbewerbe jüngerer Handelsmächte; um dagegen Karthago herunterzubringen, das Land und Leute unterwarf und eigene Provinzen mit Festungen deckte, brauchte es eine Aktion, deren Größe wir daran erkennen, daß die größte Macht des Altertums durch sie gefugt und gestählt worden ist. „Das attische Staatswesen ist ein künstlicher Aufbau geblieben, dem die rechte Sicherheit fehlte und die jedem Großstaat unentbehrliche volle Selbständigkeit.“ Das heißt auf geographisch, es fehlte Athen das breite Fundament des Landes.

Im Konflikt mit einer Landmacht sind dem Angriff einer solchen reinen Seemacht räumliche Schranken gezogen. Als die Athener sich der Perser siegreich erwehrt hatten, vermochten sie nicht den Krieg nach Persien selbst hineinzutragen; nur das amphibische, für den Handel so wichtige und den Persern als vorgeschobene Drohstellung gegen

Griechenland sehr wertvolle Ägypten bot eine willkommene Gelegenheit zum Angriff. In der kontinentalen Kriegführung der Engländer traten, wenigstens in Europa, immer die Geringfügigkeit ihrer Landmacht und ihre Unlust zutage, sich von ihren Seeverbindungen zu trennen. Im Spanischen Erbfolgekrieg hat das besonders in den Niederlanden immer wesentlich beigetragen zur Unwirksamkeit ihrer Hilfsleistung. Holland hat sein Landheer stets als etwas Fremdes behandelt; es hat es nur einmal, 1704, auf 160 000 Mann gebracht. Die Leichtigkeit des Verkehrs zur See will ja manchmal vergessen machen, daß Entfernung Widerstand ist, der überwunden werden muß. Der Gang der politischen Ereignisse erinnert aber daran, daß sie das immer bleibt. In dem Wettkampf Englands und Rußlands um den Einfluß in Persien hat sich trotz früher Erfolge der Seemacht auch nach dem Asien-Abkommen von 1907 die körperliche Tatsache der Nachbarschaft einer großen Landmacht in der Politik und Wirtschaft stärker erwiesen als alle Fernwirkungen. Daß die eigentliche Weltmacht in jedem geschichtlichen Zeitalter die Macht war, die das Meer beherrschte, kann man an der Größe des beherrschten Gebietes Roms, Spaniens, Englands messen. Wenn man aber nach den dauernden Wirkungen fragt, so liegen diese in dem Übergewicht zu Lande, das vermittelst der Seemacht gewonnen und erhalten worden ist. Wir können sie an der Zahl und Verbreitung der Tochtervölker und Tochterstaaten Roms, Spaniens und Englands messen. Spanien und England sind die ersten Seemächte der neueren Zeit, die mit einem starken Landbesitz als Rückhalt, daher nicht rein als Handelsmächte, sondern politisch das Meer beherrscht und ihre Herrschaft kolonisatorisch ausgenützt haben.

Jede Seemacht verfällt dem Monopolismus. Schon ihre rasche Ausbreitung führt ganz von selbst zur Ausschließung jeglichen Wettbewerbs. Das hat noch in unserem Zeitalter die Ausbreitung eines fast rein englischen Seetelegraphennetzes über die ganze bewohnte Erde bewiesen. Aber auch der Trieb, die unvermeidlichen Konflikte mit anderen Seemächten im Sinne der Alleinherrschaft zu beenden, ist ein Naturtrieb der Seemacht. Das nächstliegende Mittel, die Zerstörung der feindlichen Schiffe, ist ja viel leichter anzuwenden und wirkt im Augenblick gründlicher als die Eroberung eines feindlichen Landes. Der Seeraub in allen Formen ist eben darum ein so gutes Mittel, aus der Seeherrschaft ein Monopol zu machen. Das Aufkommen Athens als einer Seemacht griff Korinth am tiefsten Lebensnerv an. Und so war für Athen die Entstehung einer peloponnesischen Seemacht ein unerträglicher Gedanke. Noch nie, solange es eine Geschichte gibt, hat eine Macht über die ganze bekannte Erde geherrscht. Wohl aber sind Momente dagewesen, wo überhaupt nur noch eine Kriegsflotte, eine Seeherrschaft übrig war; so nach der Zerstörung Karthagos und nach dem Sturze Napoleons.

Bleibt diese Ausschließlichkeit nicht auf dem Meere, sondern ergreift sie das Land, das sie doch nur von der Küste her beherrschen kann, so führt sie zu einer extensiven Politik des Küstensaumes, in der eine natürliche Schwäche der Seestaaten liegt. Das ist die Politik der Beschlagnahme. Diese wird immer begehrlich sein und über den natürlichen Bedarf hinaus spekulieren, verschlingen. Bei intensiver politischer Besitznahme und wirtschaftlicher Ausnutzung Iberiens hätte Karthago den vorherrschenden Einfluß in Sizilien den Römern zugestehen können; als es mit dem ganzen Saum des westlichen Mittelmeeres dieses Meer selbst verlangte, forderte es die Römer zum Krieg um die Vorherrschaft heraus.

Im Meer liegt von Natur weder Absonderung noch Grenze. Was auf dem Lande der Absonderung förderlich ist, kommt hier nicht vor. Die große Einheit des Meeres wischt Sonderbestrebungen aus. Die ängstliche Idee des politischen Gleichgewichtes kommt jedesmal ins Schwanken, wenn die Wellen des Meeres an ihr lecken. Verträge, die auf dem Meere Abgrenzungen erzielen sollten, sind nie von langer Wirksamkeit gewesen. Die Verträge mit Tarent und Karthago, die den Latinern verboten, östlich vom Lacinischen Vorgebirge zu fahren, haben die Entstehung einer römischen Seemacht nicht gehindert. Gerade das verhältnismäßig enge Mittelmeer zeigt, wie die Machtsphären zur See nicht zu begrenzen sind und wie gerade die in der Unbegrenztheit des Meeres gelegene Aufforderung zur rücksichtslosen Expansion und Wettbewerbung der Entstehung eines politischen Gleichgewichtes hinderlich war. Weil das Meer eins ist, strebt auch die Seeherrschaft immer auf die Herrschaft über das Ganze hin, und ihrem Beispiel folgte der Seehandel mit monopolisierenden Neigungen. Es gibt zwischen Argos und Troja eine Fülle von Geschichten von Inseln und Ländern, europäische, asiatische und europäisch-asiatische. Aber was sind sie im Grunde anders und was ist die ganze Geschichte Griechenlands anders als die Geschichte des östlichen Mittelmeeres? Im Ägäischen Meere ist keine Trennung zwischen Europa und Asien. Die Grenze könnte höchstens hinter der noch ganz griechischen Küste Kleinasiens gezogen werden. „Wie sich ein Wellenschlag vom Strande Joniens bis Salamis fortbewegt, so hat auch niemals eine Völkerbewegung das eine Gestade ergriffen, ohne sich auf das andere fortzupflanzen." (Curtius.)

Daß im Schutze ihrer Meeresumgebung sich Seemächte zu überragender Bedeutung in allen Werken des Friedens entwickeln, schließt durchaus nicht die Entfaltung eines kriegerischen Charakters aus. Gerade der natürliche Schutz der Lage lockt ja zu Ausfällen und Übergriffen. Wir sehen Seemächte in der Abwehr erstarken und die langwierigsten Verteidigungskriege durchführen. Aber wir sind auch Zeugen wahrhaft räuberhafter Angriffe. Bewundernswert ist die zähe Ausdauer der Seemächte im Seekriege. Venedig war groß im Handel und in vielen Künsten des Friedens. Aber wie viele Kriege führte Venedig und wie vieler Angriffe erwehrte es sich auf seinen Laguneninseln! Keine von den stolzen Landmächten der Christenheit hat so ausdauernd mit dem osmanischen Reich gekämpft wie dieser Seestaat mit dem kleinen Landgebiet. Aus derselben Eigenschaft heraus entfaltete sich Englands Übermacht in den Kriegen mit der französischen Republik und Napoleon. Denn als 1815 ganz Europa ermattet die Arme sinken ließ, vollendete England, allein von 22 jährigen Kämpfen nicht im eigenen Lande berührt, rastlos seine See- und Handelsüberlegenheit und baute sein Kolonialreich aus. Die Niederlagen seiner kontinentalen Verbündeten haben

England selten geschadet, während es ihre Siege mit genoß. Damals wurde zuerst die gefährliche Lehre gewonnen, die übrigens schon der Siebenjährige Krieg hätte erteilen können: daß kontinentale Kriege der Blüte des Seestaates überhaupt förderlich seien. Die mindestens ebenso wichtige Kehrseite dieser Lehre ist für die kontinentalen Mächte: daß aus ihren Kämpfen England Vorteil zieht. Aber wie die Erkenntnis der eigenen Interessen von den Seestaaten immer rascher gewonnen wird als von den kontinentalen, so ist auch diese Lehre bei uns sehr spät erkannt worden.

Es liegt auf der Hand, daß die günstigsten Bedingungen für die Festhaltung einer großen Macht mit geringen Mitteln sich vor allem auf Inseln verwirklichen, daher die Seemächte in irgend einer Weise Inselmächte sind. Festlandstreifen am Meere können bei dem allgemeinen Drängen der Staaten und des Verkehrs dem Meere zu niemals in Abgeschlossenheit verharren. Die Wellen der Verkehr und Macht suchenden Tendenzen überfluten sie von beiden Seiten, besonders vom Lande her. Auch darum war das Schicksal der Hansa so viel anders als das Englands und selbst Dänemarks, vor allem so viel früher besiegelt. Die Insel hat Wege zum Meere auf allen Seiten, und nur zur See kann sie erreicht werden. Der in der Natur der Seemacht liegenden Schnelligkeit des ersten Wachstums kommt sie daher wie keine andere Lage entgegen. Nur als Inselland konnte Japan sich so rasch zur bedeutenden Seemacht entwickeln. In demselben Maße, in dem die Herrschaftsbereiche gewachsen sind und die Beherrschung der Wasserflächen ohne ihre Inseln und

Küsten durch eine einzige Macht schwieriger geworden ist, streben die Seemächte nach Gewinnung von Stützpunkten in Inseln und Küstenstrichen, die vom Meere her leicht zu erreichen sind. Dabei kommt es ihnen in erster Linie nur auf Land an. Der vielgeschmähte Landhunger dieser Staaten ist hier keine Laune, sondern Ergebnis ihrer Lage und Entwickelung. Ist das Land bewohnbar oder selbst fruchtbar: nun um so besser! Aber die Hauptsache ist: Ankergrund und ein Stück trockener Boden für Kohlen- und Proviantlager und Zisternen. Daher das Unmerkliche, Unverfängliche im ersten Einnisten an fremder Küste und das die Welt Erstaunende einer raschen Ausbreitung, wenn plötzlich das Netz sichtbar wird, das die vereinzelten kleinen Punkte verbindet. Für den Staat haben die Inseln durch dieselben Eigenschaften Wert, durch die sie für den Schiffbrüchigen Wert erhalten: als Stück Küste und trokkenes Land. Aber die Gefahr der Beladung mit politisch nutzlosen Gebieten liegt sehr nahe, deren Ausdehnung außer allem Verhältnis zu dem Mutterlande wächst und allzu leicht dessen Gleichgewicht ins Schwanken bringt, wenn der große Unterschied zwischen leichtem Erwerb und schwierigem Festhalten nicht früh genug erkannt wird.

Einen merkwürdigen Beleg für das Gesetzmäßige in diesen Erscheinungen bietet die Stellung der Inseln im Mittelpunkt ozeanischer Herrschaftsgebiete. Was uns heute England in der Beherrschung aller Meere der Erde und eines Landbesitzes von der dreifachen Größe Europas von den kleinen britischen Inseln aus zeigt, ist keineswegs neu. Die Beherrschung der ganzen Fidschi-Gruppe von dem kleinen Inselchen Mbau aus (1808—74) oder die ursprüngliche Stellung Neu-Lauenburgs gegenüber den größeren Inseln des Bismarck-Archipels erzählen dieselbe Geschichte von der Unwiderstehlichkeit der Machtäußerung von einem engen, gut geschützten Boden her.

Vervielfältigung der Seevölker.

Durch die Geschichte der Menschheit geht ein Wachsen der Vertrautheit mit dem Meere und der Unterwerfung des Meeres unter Geist und Willenskraft. Dieses Wachstum spricht sich aus in der Vermehrung der Seevölker und Seestaaten.

Die Seeherrschaft gleicht einem Baum, der aus schwachem Sproß durch immer weitere Verzweigung sich mächtig ausgebreitet hat. Die große Ausdehnung des Meeres und die insulare Verteilung des Landes bewirkten, daß viele Völker sich mit dem Meere berühren. Viele gibt es auch, die vom Meere nie etwas erfahren haben; nur ein unverständlich gewordener Meeresschimmer glüht vielleicht in ihren Mythen. Von den am Meere wohnenden Völkern werden einige zu Seevölkern, die gleichsam die Beweglichkeit des Elementes in sich aufnehmen und seine räumliche Weite zu rascher Ausbreitung benutzen, während die Binnenlandbewohner eingekeilt und schwer beweglich zwischen ihren Nachbarn sitzen, deren Druck sie mühsam abwehren. Auch große Völker haben von den Vorteilen der Meeresnähe keinen Gebrauch gemacht, selbst Inselvölker und Völker, die in der Geschichte so groß sind wie die Perser. Die Schiffahrt war auf früheren Stufen eine Tätigkeit, deren Privileg sehr wenige Völker besaßen.

Wenn man sieht, wie die günstigsten Meereslagen ungenutzt bleiben, erscheint die Seefahrt als eine große Erfindung, die immer nur von ganz wenigen Völkern ganz bewältigt und wieder an wenige weitergegeben wurde, etwa so, wie wir die Bearbeitung der Metalle ursprünglich wie ein Geheimnis weniger, eine Geheimkunst von Volk zu Volk getragen sehen.

Aber die Vorteile des Meeres sind ein Schatz, der an jedem Gestade liegt. Ruhte er in einem Zeitalter, so hat ihn bald ein anderes gehoben. Die Geschichte zeigt, daß die Seevölker immer zahlreicher geworden sind, und damit sind auch immer mehr Küstenstrecken in den Bereich des Verkehrs gezogen worden. Viele davon sind zur Heimat neuer Seevölker geworden, und die Ausbreitung ist so gewachsen, daß reine Landmächte, wie das Fränkische Reich und das Deutsche Reich des Mittelalters, heute ebenso undenkbar in Europa sind wie jene reinen Seemächte, die das Monopol des Seeverkehrs besaßen.

Im Mittelmeer sind aus den Phöniziern die Karthager hervorgesproßt. Die Neu-Griechen sind dort in mancher Beziehung die Erben der maritimen Größe der alten Griechen; aber während diese eine Reihe von Jahrhunderten im Mittelmeer allein herrschten, ist heute fast jedes ans Mittelmeer grenzende Volk auch ein Seevolk. Als Rom aufhörte, das herrschende Seevolk zu sein, traten nacheinander die vier westeuropäischen Tochtervölker an seine Stelle. Was am Ende des Mittelalters in der Ostsee sich vollzog, als die emporsteigenden Staaten des Nordens sich mit der sinkenden Hansa in die Seeherrschaft teilten, denen später Rußland und Preußen sich zugesellten, ist im

Mittelmeere mehrmals geschehen. Heute verwirklicht es sich durch die wachsende Flottenmacht Frankreichs, Italiens, Österreich-Ungarns, der Türkei, Rußlands und kleinerer erst recht. Und auch in dieser Beziehung werden die großen Meere in den Spuren der kleinen gehen; ihre Beherrschung wird geteilt werden. Durch die Entdeckung Amerikas sind die Küsten Nordamerikas die Heimat neuer großer Seevölker geworden, und in Südamerika haben Brasilien, Chile und Argentinien Flotten von beträchtlicher Größe geschaffen. Ähnliches bereitet sich in Australien und Südafrika vor.

Liegt ein nicht kleiner Teil der geschichtlichen Erziehung der Völker im Kampf mit dem Meere, so traten also in diesen Kampf immer mehr Menschen und neue Völker ein, er breitete sich über immer mehr Küsten aus. Aber auch seine Früchte verteilten sich immer weiter. Das Übergewicht Englands, das sich in den 12 Millionen Tonnen Inhalt der Handelsflotte Englands und seiner Kolonien bezeugt, ragt wie ein Rest einer vergangenen Zeit in diese mannigfaltige Entwickelung herein. Der noch im Anfang des 19. Jahrhunderts schroffe Gegensatz zwischen den Land- und Seemächten Europas hat sich durch die Schaffung von Kriegsflotten in allen ans Meer grenzenden Staaten ausgeglichen. Selbst so junge Staaten wie Rumänien und Bulgarien haben Anfänge davon. Auf die fast rein zu Lande entschiedenen Kriege der letzten Jahrhunderte und des 19. Jahrhunderts wird man bald mit Verwunderung zurückblicken. Daß es in Europa noch mittlere Staaten gibt, die von der See ganz abgeschlossen sind, mutet schon heute wie ein Rest eines älteren Zustandes an, der in

Amerika und Australien nicht vorkommt. Daß in Afrika die zwei Burenrepubliken sich keine Seeküste zu sichern gewußt hatten, wird jetzt überall als verhängnisvolle politische Kurzsichtigkeit erkannt.

Es ist eins der folgenreichsten Ereignisse des neunzehnten Jahrhunderts, daß der alte Gegensatz von Seemächten und Landmächten hinfällig geworden ist. Die Zahl der Seemächte ist gewachsen, und die neuen Seemächte sind alle dadurch ausgezeichnet, daß sie nicht reine Seemächte sind und sein können, sondern alle zugleich auch Landmächte sind. Der Begriff „Großmacht" hat in der Anwendung auf Mächte, die nur Landmächte sind, schon heute etwas vollkommen Veraltetes. Man wird ihn in dieser Einseitigkeit nach einiger Zeit gar nicht mehr verstehen; denn inzwischen haben Ereignisse wie das Aufkommen der Jungen Türkei, die Konsequenzen, die Österreich-Ungarn aus der bosnischen Krise ziehen mußte, und von rein theoretischen Einwirkungen namentlich die beredten Mahnungen des nordamerikanischen Marine-Publizisten A. Th. Mahan auch den Rückständigsten eindringlich eines Besseren belehrt.

Die alten Gesetze des Staatenwachstums herrschen fort. Ein Staat entwickelt sich im Wettbewerb mit einem anderen oder mit mehreren, wobei die Kampfpreise in Gebietsteilen bestehen. Nachdem einmal die Bedeutung des Bodens als Machtquelle erfaßt worden war, wurde das Wachstum der Staaten ein Kampf um Boden. Der größere Raum eines Nachbarstaates bewegt den kleineren Staat zu dem Streben, durch eigenen Raumerwerb den Unterschied auszugleichen. Das ist der Anfang des nie zum

Abschluß kommenden Größenwachstums der Staaten, das jeden Augenblick das politische Gleichgewicht anstrebt, um es jeden Augenblick zu stören. Dieses Streben wird nie ruhen, denn Machtunterschiede werden immer bestehen. Man kann es kurz bezeichnen als das Streben eines kleineren Staates, dem größeren nachzuwachsen. Dieses Gesetz des Staatenwachstums erstreckt sich auf alle zugänglichen Machtmittel. Und so wird nun eine neue Epoche durch die fast plötzlich allgemein gewordene Einsicht bezeichnet, daß das Meer eins der größten Machtmittel ist.

Der Vorgang ist klar: Da Seemächte nur auf der See besiegt werden können, fordern sie ihre Gegner heraus, ihnen auf das nasse Element zu folgen. So zeugt nach dem Gesetz der politischen Ausgleichung eine Seemacht eine zweite, die zweite eine dritte und vierte. Die Erfahrung Roms, das im 3. Jahre des ersten Punischen Krieges Sizilien bis auf die Seefestungen erobert, aber Sizilien damit nicht erworben hatte, wird immer wieder neu gemacht. Dieser Streit mit der Seemacht Karthago hat die Landmacht Rom gezwungen, Seemacht zu werden. Es ist derselbe Vorgang, wenn Persien sich auf das ihm vorher unvertraute Element wagt, um endlich die jonischen Seestädte zu bezwingen, oder wenn die Syrakusaner (414) sich von den Korinthern zu Seeleuten schulen lassen, weil sie zu Lande den Krieg mit Athen nicht beendigen können. Nur fehlt solchen künstlich geschaffenen Seemächten das Notwendige in dem Hinausgewiesensein aufs Meer, man möchte sagen das negative Element, das im Landmangel liegt, und die Schule des friedlichen Seeverkehrs. So war Frankreich unter Ludwig XIV. zwar eine See- und Handelsmacht geworden, blieb aber doch zu viel Landmacht, um eine „Seemacht" in der Weise Hollands oder Englands zu werden. Auch dies gehört zu den Lehren der Geschichte, daß eine Seemacht nur auf einem Grunde wahrer Seeinteressen ruhen kann.

Seemacht und Landmacht.

Das Ideal einer großen Politik, der einzigen, die die Gründung einer Weltmacht anstreben kann, liegt in der Verbindung der kontinentalen und der ozeanischen Motive. Das Weiträumige, Umfassende ist beiden gemein, und einer Seemacht, die ihre Wege lang genug standhaft verfolgte, fällt Landbesitz notwendig zu. Die Verhältnisse liegen freilich nicht oft so günstig wie im Mittelmeer, wo ein hinreichend großes Wasser vielgliedrige, leicht zu gewinnende Inseln und Halbinseln bespült, so daß das Meer mit seinem Zubehör von Inseln und Halbinseln ein von der Natur selbst glücklichst vorbereitetes Herrschaftsgebiet bildet. Rom brauchte es nur zu umfassen, nur auszufüllen. Im weiten Ozean ist bis jetzt jede Seemacht an der Notwendigkeit gescheitert, die großen Räume des Meeres durch entsprechende Ausbreitung auf dem Lande zu beherrschen, die dann wiederum durch Seemacht allein nicht zu halten war. Alle wiederholten das System Venedigs, das durch die Besetzung leicht zu haltender Inseln und Halbinseln sich den Weg bis ins Schwarze Meer gesichert hatte. Unsere Erde wird sich wohl auch jetzt wieder als zu klein erweisen für ein System von »imperial connections«, wie es Groß-

England träumt. Ein solches System muß an zu vielen Stellen die Interessensphären anderer Mächte durchkreuzen und wird darum schließlich von allen bekämpft werden. Einer kontinentalen Politik gegenüber, wie sie Rußland in Asien und die Vereinigten Staaten in Amerika betreiben, ist die Seemachtpolitik Großbritanniens schon heute zum Rückgang verurteilt. Denn da ihre Ziele doch immer am Lande liegen müssen, drängt jeder Fortschritt der kontinentalen Ausbreitung dieser Mächte die Seemacht entschiedener auf das Meer zurück, das an sich politisch unfruchtbar ist, weil es nur als Weg zum Ziele Wert hat. Die Besetzung Ägyptens, die große binnenländische Unternehmungen im Gefolge hat, erscheint uns bereits als Ausfluß einer veraltenden Politik, die in der Zeit der Vermehrung und Verstärkung der mittleren Seemächte keine Aussicht auf dauernden Erfolg mehr hat.

Bei Mächten, die um einen der großen Ozeane liegen, kann es sich weder um Gruppierungen enger Art, gewissermaßen um die Bildung von Staatenfamilien um ein Meer herum handeln, noch auf die Dauer um die stillschweigende Anerkennung der Alleinherrschaft einer Macht über das ganze Weltmeer. Der Atlantische und der Stille Ozean brauchen nicht, wie das Mittelmeer, die Eifersucht der Staaten auf einen engen Raum zusammendrängend, ein Gebiet politischer Bedrohungen, Reibungen und Konflikte zu sein. In der Sache liegt die Freiheit des Meeres, die nur durch ein System des ozeanischen Gleichgewichts sichergestellt werden kann.

Die ozeanische Seite einer Landmacht mag noch so groß sein, es wechseln doch naturgemäß in ihrer Geschichte kontinentale und ozeanische Perioden ab. Die kontinentale Ausbreitung ist einfacher als die ozeanische, die geboten nur bei Inselstaaten ist. Eine Landmacht braucht, um Seemacht zu werden, eine Anzahl von technischen Vorrichtungen. Sie sind oft in kurzer Zeit zu treffen, geraten aber auch leicht in Verfall. Wo nicht der Seehandel vorarbeitet, ist es eine langwierige Sache. Napoleon gelang es nicht, sein kontinentales Land in eine Seemacht zu verwandeln, wie es im 3. vorchristlichen Jahrhundert bei einfacheren Anforderungen des Schiffsbaues und Seekrieges Rom noch gelungen war. Und doch wurden auch die Römer nie in dem Maße Seemacht, daß sie die Piraterie im Schwarzen Meer völlig ausgerottet und die Küsten dieses Meeres ganz in ihrer Hand gehabt hätten. In größeren Ländern ringen die Land- und Meerinteressen miteinander, bis eine sich losringt und die Vorherrschaft erwirbt.

Die Elemente zu einer großen Seemacht in der Natur Großbritanniens sind erst seit dem 14. Jahrhundert ganz allmählich zum Vorschein gekommen, und der Gegensatz der maritimen und der territorialen Interessen nahm noch in der Zeit des Spanischen Erbfolgekrieges in England die Form eines Parteigegensatzes zwischen Whigs und Tories, zwischen Kriegs- und Friedenspartei an. Die Whigs wurzelten in den See- und Handelsstädten, wo die Reeder, Kaufleute, Lieferanten und die Leute wohnten, die dem Staate Geld darliehen. Die Tories standen dieser werdenden Geldaristokratie als der alte Landadel gegenüber. Sie wurzelten im Boden, auf dessen Erträgnisse sie angewiesen waren. Der auswärtige Handel brachte ihnen wenig Nutzen.

Sie beteiligten sich nicht an den großen Geldgeschäften. Der Krieg nützte ihnen nichts. Sie waren die Friedenspartei. Die Entwickelung des modernen Englands ist nur durch den Sieg der ozeanischen Politik über die bodenständige möglich geworden. Der Kampf tönt nach im Gegensatz von Greater Britain zu Little Britain.

In einem Lande, das eine kontinentale und eine ozeanische Seite hat, wird der Unterschied viel merklicher. Da verlegt sich wohl das Gewicht bald hier-, bald dorthin. Jedesmal, wenn Frankreich sich auf seine mediterranen oder atlantischen Interessen besann, fühlten seine kontinentalen Nachbarn sich erleichtert. Tatsächlich hat der Versuch Frankreichs, in Mexiko oder im südlichen Nordamerika Einfluß zu gewinnen, die Einigung Deutschlands und Italiens erleichtert, und die alles umstürzende Überschwemmung Europas durch Frankreich unter Napoleon I. ereignete sich, als England die absolute Verdrängung Frankreichs vom Meere gelungen war. Der Zerstörung der französischen Seemacht bei Abukir und Trafalgar folgten die Vernichtungen kontinentaler Heere durch die französische Landmacht bei Austerlitz, Jena, Wagram.

Allianzen zwischen Land- und Seemächten, die dasselbe zu erreichen scheinen wie die Verbindung von Landmacht und Seemacht in einem Staat, sind so ungleiche Bündnisse, daß man sie mit Argwohn anschaut. Vor allem traut man ihnen keine Dauer zu. Muß aber nicht zugegeben werden, daß sie tief in der Natur der Seeherrschaft begründet sind? Solche Allianzen sind immer gewesen und werden auch wiederkommen. Die Zahl der Seemächte wird sich vervielfältigen, es wird aber auch wieder Fälle geben wie im amerikanischen Unabhängigkeitskrieg, wo die jungen Vereinigten Staaten von Amerika machtlos zur See waren und erst der Bund mit Frankreich ihnen eine Flotte gab. Diese Flotte hat die Niederlage der Engländer bei Yorktown unmittelbar mitbewirkt. Es ist zweifelhaft, ob ohne sie der Krieg entschieden worden wäre. In solchen Verbindungen kommt wiederum die Grundverschiedenheit des Landes und des Meeres als Machtgrundlage zum Vorschein. Landarmee und Flotte zusammen können eine Macht im Gleichgewicht halten, aber die endgültige und entscheidende Leistung fällt in einem Kampf um Landbesitz dem Landheer zu. In dem Kampf um Indien hielten die Franzosen in rühmlicher Weise unter ihrem großen Suffren das Meer, während sie zu Land geschlagen wurden. Mit der Niederlage zu Land hatten sie den Gegenstand des Kampfes selbst verloren, während ihre Siege zur See ihnen keinen Siegespreis unmittelbar in die Hand gaben. Selbst der merkwürdige Verlauf des Russisch-Japanischen Krieges von 1904 auf 1905 liefert, zusammengenommen mit den Ergebnissen des Portsmouther Friedens, Belege für die Richtigkeit dieser Beobachtung.

Der Seekrieg.

Der Seekrieg teilt mit dem Seeverkehr die weiten Räume und die Einförmigkeit der zu überwindenden Hindernisse. Er weiß nichts von den Reibungen, die die Bewegung auf dem Lande hemmen. Von den unberechenbaren Stürmen abgesehen, hat er außer dem Feind nur den Raum zu überwinden. Daher große Züge und rasche Entscheidungen. Das Zusammenfassen aller Kräfte an einer Stelle ist die Grundregel des Seekrieges. Gerade weil in den weiten Räumen die einzelnen Schiffe sich verlieren würden, drängen die Kämpfe zur See auf einzelne entscheidende Schläge hin. Der noch vor einem Jahrzehnt berühmte „Kreuzerkrieg" dürfte heute als Utopie allgemein erkannt sein. Und gegenüber Moltkes Befürchtung, daß der Nordostseekanal zur Zersplitterung der Kräfte führen werde, hat Bismarck recht behalten, der für den Kanal geltend machte: Die Möglichkeit, mit dem Ganzen aus einem Loch hervorzukommen, macht die Defensive stärker. Dieselbe räumlich und zeitlich zusammendrängende Wirkung liegt auch in der Unmöglichkeit, die hohe See unbestimmte Zeit zu halten. Die offensiven Aufgaben einer Flotte führen von selbst auf die hohe See, aber auch die defensiven Aufgaben können nicht von der Küste gelöst werden. Der Schutz der Handelsflotte, der Schutz der Kolonien und die Sicherung der Zufuhren sind Aufgaben, die von der Küste wegführen. Und auch den unmittelbaren Küstenschutz wird am besten die Flotte besorgen, die den Gegner nicht zu nahe herankommen läßt.

Historische Aktionen, die auf die rasche Bewältigung großer Massen zielen, ziehen daher immer das Meer in ihre Dienste. Über die Machtstellung im Innern von Europa mochten Landkriege entscheiden, die um enge Gebiete am Rhein, am Po, an der Maas stritten. Der Gewinn oder Verlust von 100 qkm entschied solche Kriege. Sobald eine Seemacht eingriff, verlegte sich das Ringen in ferne Meere, der Schauplatz war weltweit und der Siegespreis ein

Kontinent. Das auffallendste Beispiel aus der neueren Geschichte liefert wohl der Bürgerkrieg in Nordamerika, in dem die Nordstaaten mit ihrer überlegenen Flotte wichtige Punkte an der Küste von Virginia, Nord- und Südkarolina, Georgia, Florida und selbst Mississippi schon am Ende des ersten Kriegsjahres besetzt hatten, als die Landarmeen sonst nirgends als nur in dem verhältnismäßig wenig wichtigen Missouri in das Gebiet der Konföderation hatten vordringen können. Zu Lande sind die Räume, die die Flotte in wenigen Monaten umfaßt hatte, erst drei volle Jahre nachher durchdrungen worden. Nur die Schwierigkeiten des Landkrieges haben die Entscheidung so lange hinausgezögert. Im Grunde wiederholte sich aber in diesem Akte nur eine Handlung, die in der Entwickelung der Vereinigten Staaten schon öfters dagewesen war. Zeigt nicht ihre ganze Geschichte die frühe Umfassung weitester Gebiete durch die Seemächte, der die wahre Erwerbung des Landes zu Lande erst nach Jahrhunderten folgt? Die ozeanisch aufgeschlossene Lage an drei Meeren hat einen ebenso wesentlichen Teil an der raschen Entwickelung der Vereinigten Staaten gehabt; und dieselbe Lage besiegelte dann in jenem kritischen Moment, wo der Zerfall drohte, ihren Zusammenhalt.

Der Seekrieg verneint die auf dem Lande geltenden Machtanschläge. Ein kleiner Staat, der auf dem entscheidenden Punkte eine kampffähige Flotte zusammenbringt, setzt den Großstaat matt, der über ein hundertfach größeres Gebiet verfügt. Die Seemacht hilft den Kleinen, die entschlossen sind. Es liegt darin die Korrektur alter, plumper Massenübergewichte. Die Überlegenheit Athens über Persien lag in der Willenskraft und klugen Berechnung, die Athen an seine Seekraft setzte. Auch das Emporkommen Hollands und Englands im Kampfe mit den scheinbar übermächtigen Spanien, Portugal und Frankreich gehört der rechtzeitig entwickelten Kraft zur See kleiner, aber jugendkräftiger Staaten. Wir sehen mit einer gewissen Genugtuung das kleine Lübeck den nordischen Königreichen, Venedig dem Großtürken trotzen. Allerdings sind auch verhängnisvolle Überhebungen, denen jäher Sturz folgte, ein Ausdruck dieser Unverhältnismäßigkeit. Die Blockierung der deutschen Küste im Jahre 1848 und die Lahmlegung des deutschen Seehandels durch das kleine Dänemark mahnten Deutschland mächtig, daß es wieder stark zur See werden müsse.

Auch die Kriege haben, wie alle Tätigkeiten der Menschen, eine Entwickelung von kleinen zu großen Räumen vollzogen. Der Seekrieg bedeutet in dieser Entwickelung den Höhepunkt. Er setzt voraus und erzielt die Bewältigung und Beherrschung des größtmöglichen Raumes mit den Waffen; aber die Entscheidung über diese Bewältigung kann nur auf engem Raume fallen. Daher eine merkwürdige Verbindung von großräumigen Entwürfen und Ergebnissen mit kleinräumigen Entscheidungskämpfen. Je mehr die Kriege aufs Meer verlegt werden, um so rascher erfolgen die Entscheidungen; um so unerträglicher wird auch eine lange Dauer des Krieges durch die Unterbindung der Seeverbindungen. Die Verlegung eines Teiles der Entscheidung auf das Meer muß die Kriege verkürzen. Ein Seekrieg kann nicht lokalisiert werden, wie ein Landkrieg; in der Natur eines Seekrieges liegt vielmehr gerade so wie in der Natur des Weltverkehres die weltweite Ausbreitung. Schon Napoleon I. sandte die französische Flotte nach Westindien, um aus dem Unbekannten her den Stoß gegen England zu führen. Ein Seekrieg berührt daher auch viel empfindlicher die Verkehrs- und Handelsinteressen aller Kulturvölker und droht viel stärker mit der Gefahr, andere Mächte zu verwickeln. Wenn die Friedenssehnsucht jemals ein Aufhören des Krieges infolge durchgreifender und ansteckender Kriegsmüdigkeit erhoffen darf, könnte es am sichersten im Gefolge eines großen Seekrieges sein.

Rückblick.

Wer nach einem Frühsommersturm am Strande hingeht, findet die abgerissenen und entfärbten Blüten der Pflanzen des Landes neben ausgeworfenen Muscheln des Meeres, Trümmer des Lebens des Landes neben Trümmern des Lebens des Meeres. Höher hinauf bezeichnet ein weißlicher Streifen im graugelben Sand den höchsten Wellenstand bei einem Wintersturm; es sind die zermahlenen Muschelreste, unter denen auch Stückchen Holz und Torf liegen, tote Dinge im Sand. Es wird hier offenbar, wie fremd Land und Meer heute nebeneinander liegen. Und doch ist das Leben des Landes, das heute bei der Berührung mit dem Meere verwelkt, aus dem Meere hervorgestiegen. Ich muß am Rande des Meeres der undenkbar fernen Zeit gedenken, wo das Leben sich zuerst aus dem längst belebten Feuchten auf den Strand herauswagte. Welch ungeheuere Bedeutung dieser schmalen Schwelle, über die der entscheidendste Schritt in der Geschichte des

Lebens der Erde getan wurde! Heute ist die Grenze scharf gezogen zwischen Leben am Lande und Leben im Meere. Das eine drängt das andere so schroff zurück, daß beider Reste tot nebeneinander auf der Schwelle liegen. Nur der Mensch hat sich auf beiden Elementen heimisch gemacht. Und wenn es darauf ankäme, die Merkmale zu bezeichnen, durch die der Mensch von der ganzen übrigen Lebewelt sich unterscheidet, so dürfte man nie das übersehen, daß er dem Lande zwar durch Geburt angehört, das Meer aber in seinen Geist aufgenommen und ihm die ganze Erde als geschichtlichen Boden abgekämpft hat.

Das erste Verhältnis des Menschen zum Meere war nun allerdings zufällig, vereinzelt und zerstreut. Das Meer bot Nahrung und Rückhalt. Der Mensch hatte seinen gefährlichsten Feind, den Menschen, vom Meere her nicht zu fürchten. N a h r u n g und S c h u t z: hier haben wir im Keim die wirtschaftlichen und die politischen Motive der Bedeutung des Meeres. Beide werden an manchen Stellen die Siedelung am Meeresrand begünstigt haben, und vielleicht am meisten dort, wo Süßwasserflüsse oder Bäche in das Meer münden; denn hier tritt das Meer mit seinen Gezeiten weit ins Land hinein, fruchtbarer Boden bildet sich hier, und die Nahrung ist im Wasser und am Lande reichlich. Solche Stellen werden in Neu-Guinea und in Nordwestamerika für Pfahldörfer bevorzugt, und in alten und neuen Kulturländern sind es die dichtest bevölkerten. Als die Vorteile der Anlehnung ans Meer den Landbewohnern immer mehr bekannt wurden, vermehrte sich ihre Zahl, und aus der Berührung kleiner

Familiengruppen mit dem Meere erwuchs das Wohnen ganzer Stämme und Völker auf den Küsten zwischen einem leeren Meere und einem dünnbewohnten, vielleicht kaum bewohnten Lande. Der Schritt aufs Meer leitet den zweiten Abschnitt der Beziehungen des Menschen zum Meere ein. Er begann bescheiden, mochte zuerst zum Zweck des Fischfanges versucht worden sein und wurde erst kühner, als es galt, lockende Gestade zu erreichen, die in Sicht lagen. Aber von kleinen Anfängen führte er zur Verdreifachung des Bodens der Geschichte. Denn erst mit dem Schritt aufs Meer war die Erde für die Menschheit gewonnen. Das Wohnen auf der Küste wurde damit nicht aufgegeben, sondern gewann vielmehr einen neuen Grund: es entstanden Ansiedelungen von Fischern und Schiffern. Der Unterschied der Inlandbewohner und der Küstenbewohner verstärkte sich in dem Maße, wie die Menschen dem Meere neue Vorteile abzugewinnen wußten. In kleineren Ländern, besonders auf Inseln, wurden die Küsten mit der Zeit so bevorzugt, daß ein Kranz von größeren Siedelungen dem Meere entlang das unbewohnt gebliebene Innere umflocht, wie wir es vielfach noch in Ozeanien finden. Mit der Schiffahrt fügte sich der von Feinden nicht gehemmte Verkehr mit der Außenwelt den Vorzügen des Wohnens am Meere zu. Und durch lange Zeiträume werden die Seevölker hoch über den Binnenvölkern gestanden haben.

Aus dem uranfänglichen Schutzmotiv war das politische Verhältnis zum Meere emporgekeimt. Die erste Aufgabe des werdenden Staates war der Schutz einer Familiengruppe. Wie konnte sie Schutz besser gewinnen als in Anlehnung an das Meer? Da nun das Meer selbst sich als immer wertvoller erwies, stieg auch der Wert der Lage am Meere, der Wert der Küste als der Schwelle zum Meere. Zur Sicherheit der Lage kam nun der wirtschaftliche und politische Nutzen der Küste. Nach dem Gesetz der Umfassung geographischer Vorteile im Wachstum der Völker sehen wir, wie das Meer von da an die Völker anzieht und in ihrem Wachstum von Bucht zu Bucht und von Vorgebirg zu Vorgebirg gleichsam weiterzieht. Das Ziel ist die ausschließende Umfassung ganzer Meeresabschnitte, die natürlich nur in beschränkten Räumen erreicht werden konnte. Dieselbe Entwicklung wie die Völker haben später die Staaten durchgemacht; auch ihre Berührung mit dem Meere hat sich vergrößert, indem sie Küste für Küste besetzten. Indem dann die kleinen Staaten zu größeren verschmolzen und landeinwärts wuchsen, sind in manchen Erdteilen die reinen Binnenstaaten überhaupt verschwunden.

Ehe aber dieses Ziel erreicht war, gab es eine lange Zeit, in der Landmächte und Seemächte so verschieden in Machtmitteln und Machtansprüchen nebeneinander lagen wie Sparta und Athen. Die einen beherrschen das Meer, monopolisieren den überseeischen Handel und gewinnen rasch an Ausbreitung über Küsten und Inseln, während die anderen langsam von Acker zu Acker fortschreiten. Aber es liegt in der Natur des Landes, daß selbst der allmählichste Fortschritt endlich an einem Meere anlangt, und daß kein Volk auf die Dauer der Vorteile des überseeischen Handels entraten will. Daher ein Drängen der Inlandbewohner zum Meere bei den Negern Afrikas, wie bei den höchstkultivierten Völkern Europas. Die Lehre wird endlich Gemeingut, daß das Meer die Ausbreitung einer politischen Herrschaft erleichtert, wie es dem Verkehr die Möglichkeit der größten Ausdehnung gewährt. Verkehr und Politik gehen aber auf allen Stufen Hand in Hand, und doppelt stark ist das Band, das die Politik, die über die Landkante hinausgreift, mit dem Verkehre verknüpft.

Das Aufkommen zahlreicher, zu Land und zu Meer mächtiger Staaten, dessen Zeugen wir seit vier Jahrzehnten sind, bedeutet eine neue Wendung in der Bewegung, die wir zu zeichnen versuchten. Der uralte Gegensatz von Seevölkern und Landvölkern, Seemächten und Landmächten löst sich durch das Wachstum der Völker und Staaten auf. Jedes große Volk, jeder mächtige Staat strebt ans Meer und aufs Meer. In den alten Ländern hat die eingekeilte Lage manchen Binnenstaaten solche Ausbreitung nicht erlaubt; aber der junge Erdteil Amerika zeigt keinen Staat ohne Seeküste, bis auf Paraguay, das den Weg zum Meere auf seinem mächtigen Strome hat.

Diese Bewegung wird fortschreiten, vielmehr es wird der Weltverkehr diese Bewegung vorwärts treiben. Sie wird vor allem das politische Angesicht Europas umgestalten. Seitdem ein Großstaat ohne wirtschaftliche Weltinteressen undenkbar geworden ist, ist auch ein wahrer Großstaat ohne Seemacht nicht mehr zu denken. Die Flotten werden ebenso notwendig werden wie die Heere. Die Herrschaft über die Meere wird sich unter eine größere Zahl von Mächten verteilen. Es wäre aber viel zu optimistisch gedacht, wenn man daraus die Hoffnung auf eine Wiederaufrichtung des einst nur auf das Land basierten, politischen Gleichgewichts auf einem breiteren Grunde schließen wollte. Vielmehr muß das Meer gemäß seiner Natur die Raummaßstäbe und die Raumansprüche steigern. Daher werden die politischen Räume anwachsen und die Länder mit ihren Völkern einander immer näher bringen. Was wir heute noch als berechtigte Sonderexistenz in seiner räumlichen Absonderung anerkannten, wird bald nur noch als Teil einer Summe fortbestehen. Das Meer wird auch auf die Staaten seine Fähigkeit erstrecken, anzunähern und zu vereinigen, die es an den Völkern und den Verkehrsgebieten lange bewährt hat. Es wird aus vielen kleinen Unterschieden einige große Verschiedenheiten machen. Der im Weltverkehr schon lange verwirklichte große Gegensatz von passiven und aktiven Völkern wird sich auf die Weltpolitik erstrecken, und gerade das Meer wird die Völker auf neue Proben stellen. Deren Ausgang wird uns lehren, daß viele Unterschiede der Rasse, der Kultur und der Macht, die heute hoch veranschlagt sind, dem einen großen Gegensatz von stark und schwach untergeordnet bleiben, und daß man künftig noch mehr als heute in der Beherrschung des Meeres einen der wesentlichsten Gründe der Größe der Völker anerkennen wird.

Von den 510 Mill. qkm der Erdoberfläche ſind 365,5 Mill. vom Meere bedeckt; die Geſamtoberfläche der 5 Erdteile ohne die Inſeln beträgt 135 Mill. qkm. Es ſtehen alſo rund 72 % Meer gegen 28 % Land. Die großen Ozeane ſind:

der Stille Ozean	161 Mill. qkm
der Atlantiſche Ozean	80 „ „
der Indiſche Ozean	73 „ „

die beiden Eismeere noch nicht in ganzer Ausdehnung bekannt.

Die wichtigſten Nebenmeere ſind:

	Mill. qkm		Mill. qkm
Europäiſch-afrik. Mittelmeer	3	Nordſee	0,548
Amerikaniſches „	4,6	Oſtſee	0,431
Auſtral.-aſiatiſches „	8	Rotes Meer	0,449
Oſtchineſiſches Meer . . .	1,2	Perſiſcher Meerbuſen .	0,237
Japaniſches Meer . . .	1		

Von 447 wichtigen Häfen entfallen:

308 (= 69 %) auf den Atlantiſchen,
95 (= 21 %) auf den Stillen und
44 (= 10 %) auf den Indiſchen Ozean.

Davon liegen an der Oſtſee	36		234 an der altweltl. Seite des Atlant. Ozeans
„ „ „ „ Nordſee	40		
„ „ im Kanal	13		
an der atlant. Küſte nördl. v. Kanal . . .	24		
„ „ „ „ zwiſch. Kanal u. Gibraltar (einſchl.)	19		
im weſtl. Mittelmeer	26	81 im Mittell. Meere	
im Adriat. Meere	7		
im öſtl. Mittelmeer	32		
im Schwarzen Meere	16		
an der weſtafrikaniſchen Küſte	21		
an der Oſtküſte v. Nordamerika	29	74 an der neuweltl. Seite des Atlant. Ozeans	
im amerik. Mittelmeer	25		
an der Oſtküſte v. Südamerika	20		
an der Weſtküſte v. Nordamerika	15	95 am Still. Ozean	
„ „ „ v. Südamerika	20		
„ „ oſtaſiat. Küſte	45		
an Auſtr. (ohne Weſtauſtr.) u. in Polyneſien	15		
an der ſüdaſiatiſchen Küſte	19	44 am Indiſchen Ozean	
„ „ oſt- u. ſüdafrikaniſchen Küſte . . .	22		
„ „ weſtauſtral. Küſte	3		

Die wichtigsten Handelsflotten der Erde.

Bauland	Schiffe	Tonnen	Besatzung	Davon Dampfer	Tonnen	Besatzung
Großbritannien (Ende 1909)	38 798	13 348 000	274 307	17 170	11 174 000	—
Vereinigte Staaten (30. Juni 1909; Einschließl. der Schiffe auf den Seen u. Flüssen)	25 688	7 388 755	—	11 641	4 749 224	—
Deutschland (1. Jan. 1910)	4 658	2 859 307	73 516	1 950	2 349 557	59 421
Japan (1. Jan. 1910)	30 516	1 902 613	—	2 360	1 198 098	—
Norwegen (1. Jan. 1909)	8 552	1 581 146	—	2 810	855 754	—
Frankreich (1. Jan. 1909)	17 376	1 452 495	—	1 608	804 284	—
Spanien (Anfang 1910)	855	745 521	—	550	697 923	—
Schweden (1. Jan. 1909)	2 938	777 724	—	1 187	564 300	—
Italien (1. Jan. 1909)	5 327	1 020 062	—	626	566 738	—
Rußland (1. Jan. 1910)	3 419	720 436	—	925	459 286	—
Dänemark (1. Jan. 1909)	3 832	517 900	—	645	401 659	—
Oesterr.-Ungarn (Anfang 1909)	14 999	497 114	42 198	429	447 786	7 189
Niederlande (1. Jan. 1909)	729	1 446 827 M³	—	303	1 313 469 M³	—
Belgien (31. Dez. 1909)	101	187 444	—	97	184 261	—

(Nach dem Gothaischen Hofkalender 1911).

Der Weltschiffbau im Jahre 1909.

(Schiffe von 100 Registertonnen aufwärts; für Segelschiffe in Netto, für Dampfer in Brutto.)

Bauland	Zahl der Dampfer			Raumgehalt in Registertonnen		Von dem Raumgehalt der Dampfer für fremde Rechnung erbaut	Raumgehalt am 30. Juni 1911
	unter 1000 Registertonnen	1000 Registertonnen und darüber	Segler	Dampfer	Segler		
Großbritannien	221	256	35	978 421	7 566	246 400	1 476 594
Deutschland	28	34	11	121 438	3 870	19 309	255 906
Vereinigte Staaten (ausschl. der Schiffe auf den Binnenseen)	21	33	22	162 249	16 153	—	126 180
Niederlande und Belgien	18	19	30	60 507	6 877	4 022	18 325
Japan	15	6	—	46 269	—	—	11 991
Frankreich	11	9	14	43 891	2 174	1 750	126 186
Norwegen	32	13	3	30 741	549	2 500	—
Italien	3	3	12	26 676	1 910	—	34 239
Österreich-Ungarn	10	6	—	22 235	—	—	54 750
Dänemark	3	3	4	6 548	668	968	—
Schweden	8	1	3	6 422	345	—	—
Rußland	—	—	6	—	1 040	—	—
Zusammen	373	385	141	1 510 070	41 462	274 949	—

(Nach Lloyd's Shipping Register 1910/11 und 1911.)

Die Kriegsflotten der größeren Seemächte.

(Nach dem Stande vom Mai 1911. Die Ziffern in Klammern bedeuten die im Bau befindlichen oder bewilligten Schiffe).

Nation	Linienschiffe	Panzerkreuzer	Geschützte Kreuzer, Küstenpanzer und Panzerkanonenboote	Torpedofahrzeuge	Unterseeboote	insgesamt
Großbritannien	50 (12)	38 (6)	66 (20)	259 (51)	63 (19)	476 (108)
Deutschland	25 (12)	10 (4)	38 (7)	187 (14)	12	272 (57)
Frankreich	22 (4)	22	10	262 (13)	62 (19)	378 (36)
Italien	8 (4)	10	4 (3)	94 (42)	7 (13)	123 (62)
Japan	13 (3)	13 (4)	14 (3)	108 (2)	12 (1)	160 (13)
Österreich-Ungarn	11 (5)	3	4 (3)	84 (6)	7	109 (14)
Rußland	10 (12)	6	9	133 (15)	30 (8)	188 (35)
Vereinigte Staaten	30 (7)	14	20	62 (14)	19 (20)	145 (41)

Nach dem „Nauticus", 1911.

	Großbritannien	Deutschland	Frankreich	Rußland	Italien	Österreich Ungarn	Türkei
Tonnengehalt	1 980 000	720 000	626 000	624 000	540 900	236 000	62 500
Matrosen	131 000	45 000	44 000	42 000	30 500	13 400	3 000
Schlachtschiffe	61	29	17	13	19	10	4
Große Kreuzer	38	16	21	3	5	3	4
im Bau	8	12	10	4	4	2	—
Dreadnoughts Herbst 1913	28	17	8	4	4	2 (+ 2 im Bau)	—

Nach M. Deltzé, Februar 1911.

Der Stand des Baues von Dreadnoughts:

	Großbritannien	Deutschland	Vereinigte Staaten	Frankreich
Ende 1911	20	9	6	6
Ende 1913	32	17	10	8

Nach Dr. Rassow, März 1911.

	Ende 1911	1914
Großbritannien	16	32
Deutschland	9	21
Vereinigte Staaten	6	12
Frankreich	6	10
Japan	2	8

Nach dem unionistischen Marine-Sachverständigen Alan Burgoyne, Anfang 1911.

www.ingramcontent.com/pod-product-compliance
Lightning Source LLC
LaVergne TN
LVHW042248300926
849161LV00003B/513